AMERICAN CINERAMA

François VELIN

AMERICAN CINERAMA

Les Presses de la Cité

Ce livre est une œuvre de fiction. Les noms, les personnages, les lieux et les événements sont le fruit de l'imagination de l'auteur ou sont utilisés fictivement. Toute ressemblance avec des personnes réelles, vivantes ou mortes, serait pure coïncidence.

Les Presses de la Cité, un département Place des Éditeurs
92, avenue de France – 75013 Paris

ISBN 978-2-258-21130-8
Dépôt légal : mai 2025

Pour Blandine, Romane et Balthazar

"There are three sides to every story :
my side, your side, and the truth.
And no one is lying[1]."

Robert EVANS

1. Il y a toujours trois versions à la même histoire : la mienne, la vôtre, et la vérité. Pourtant, personne ne ment.

Il marche au hasard des rues. Il laisse ses pieds décider pour lui. Parfois, il se résout à suivre quelqu'un. Rien de méchant, simplement la tentation un peu molle d'être guidé par un autre. Il choisit toujours des hommes, craignant d'être trahi par l'instinct féminin. Il voit déjà une New-Yorkaise en panique ameuter les passants, composer le 911, puis poster sur un Instagram vengeur la vidéo bientôt virale de ce Français, forcément pervers, cloué au sol par les forces de l'ordre. Bref, depuis qu'il vit à New York, Antoine suit des hommes toute la journée et on ne peut pas dire que cela l'enchante.

À cette heure matinale, le quartier de Hell's Kitchen est encore engourdi. Antoine vient de repérer la proie parfaite pour démarrer la journée. Le type ne doit pas avoir plus de 20 ans. Short à motif camouflage assez court, chemise déboutonnée à rayures vives et paire de santiags en simili lézard. En pleine conversation téléphonique, mode mains libres et volume du haut-parleur poussé au maximum, sans se soucier de déranger ou d'être écouté, il ralentit dès qu'il croise son reflet dans les vitrines saturées de soleil. Il interrompt régulièrement son coup de fil pour féliciter son jeune chien, un bouledogue français au regard diabolique. Quand Antoine remarque le vernis à ongles bleu Klein du jeune homme, il s'arrête aussitôt. Il s'est trop rapproché, pour parvenir à discerner ce genre de détail. Alors il reprend sa filature plus lentement. Un exercice propice à son vagabondage intérieur. Une fois encore, il se remémore le moment où tout a basculé, le 30 juillet. Presque deux mois plus tôt, déjà une éternité. À l'époque, il ne savait pas encore qu'il était doué pour mentir. Il se souvient de chaque détail. L'instant précis où il s'est fait atomiser en sortant de l'immense ascenseur en acier dépoli, au 14e étage d'un *building corporate* et sans saveur. Comme dans la majorité des immeubles new-yorkais, l'ascenseur était dépourvu de bouton 13. Il s'était moqué de la superstition puérile des Américains avant d'admirer leur sens des affaires. Un 13e étage trouverait difficilement un acquéreur ; le risque d'une négociation ardue peut être évité en supprimant purement et simplement cet étage à la mauvaise réputation. Juste avant l'ouverture des portes, Antoine s'était inquiété malgré lui de savoir si ce faux 14e n'allait pas vraiment lui porter malheur. Il aurait dû se méfier.

Son interlocuteur l'attendait sur le palier. Un type bien bâti. Chemise blanche trop ajustée et sourire carnassier. Ses biceps comprimés dans le coton n'avaient pas à rougir de la comparaison avec le tour de cuisse d'Antoine. Ce gars-là avait dû grandir dans les plaines du Midwest ou sur les plages californiennes, gavé aux hormones de croissance. Antoine avait regardé le CV du type sur LinkedIn. Un sans-faute. À en juger par sa carrure, ses brillantes études dans la Ivy League, le top des universités du Nord-Est, avaient sans doute été financées par ses exploits sportifs. Antoine avait été traversé par la vision d'une cohorte de jeunes blondes bien nées que ce titan avait dû baiser dans les vestiaires du campus de Yale. Il s'était ressaisi en attrapant, avec un peu d'appréhension, la solide poigne que lui tendait Ryan.

— *Nice to meet you, Antouane.*

DEUX MOIS PLUS TÔT

Day #1

Ils n'avaient encore jamais voyagé en Business. Alors que l'A380 commence à se vider de ses passagers, Antoine ne peut s'empêcher de jeter un coup d'œil satisfait vers l'arrière de l'appareil. Un regard rapide, feignant l'indifférence et l'habitude. Les voyageurs de classe éco tentent de soulager leurs courbatures en s'étirant vers le haut, trop à l'étroit pour envisager de plus amples mouvements. Antoine récupère avec désinvolture dans les compartiments à bagages sa sacoche et le sac de Gabrielle, prend la main de son épouse et l'entraîne hors de l'appareil. Alors qu'il avance au pas de charge dans les méandres de JFK, il se félicite à voix haute d'avoir été si bien traité par sa boîte et sourit à sa femme.

— *Welcome to New York, Babs.*

Trois couloirs interminables, deux escalators, puis l'arrivée au-dessus de l'immense salle des douanes. Ils poussent ensemble le même cri silencieux. Des centaines de voyageurs venus des quatre coins de la planète s'enroulent, dociles, le long de sangles tendues entre des piquets, sous le regard intimidant des douaniers.

Les ressortissants américains ont droit à des files dédiées, quasi vides. Pour le reste du monde, ceux que l'on appelle ici les *Aliens*, il faut compter deux bonnes heures d'attente.

— Quand même, s'agace Antoine, ils auraient pu prévoir un couloir express pour les passagers Business. Vu le prix des billets, c'est gonflé de nous faire poireauter avec tous ces gens… Le guichet d'à côté est plus rapide, non ? J'ai l'impression qu'on s'est mis dans la mauvaise file…

L'attente leur semble interminable. Ils piétinent, trop fatigués pour parler. Afin de rester éveillée, Gabrielle vérifie à nouveau les formulaires d'immigration distribués à bord. Malgré le jet lag, il va falloir sourire au douanier, faire mine de tout comprendre. Volontaire. Responsable. Respectable. Puis regarder la caméra droit dans les yeux, bien positionner les doigts sur l'écran tactile, et attendre le coup de tampon décisif qui activera les visas délivrés par l'ambassade américaine à Paris quelques jours plus tôt.

Les portes automatiques de l'aéroport s'ouvrent enfin devant eux. Bouffée délirante de chaleur et d'humidité. La nuit commence à tomber. Dimanche 28 juillet 2019, 21 heures. Ils avancent vers les taxis. Se sourient et s'embrassent.

L'Amérique palpite sous leurs pieds.

Day #2

La mélatonine n'a pas fait de miracles. Ils se réveillent un peu avant 5 heures du matin, les six heures de décalage horaire s'étant mêlées à l'excitation d'être enfin à New York. Gabrielle ouvre un œil la première et se colle à son mari en l'embrassant. Ils font l'amour lentement, encore un peu endormis, éclairés par les premières lueurs du jour. Antoine garde pour lui son étonnement et ses questions. Ces câlins matinaux ne sont pas vraiment dans leurs habitudes. Plus depuis des années, en tout cas. Comme ils n'ont jamais abordé le sujet ensemble, Antoine s'était résigné, convaincu que sa femme n'aimait pas son haleine au réveil.

À peine debout, Gabrielle veut appeler leur fille, restée à la maison avec ses grands-parents. Il trépigne pendant qu'elle téléphone, impatient de sortir respirer l'air de la ville et de fumer une cigarette.

Upper East Side est un quartier étrange, connu des touristes pour sa proximité avec Central Park, les films de Woody Allen et ses deux grands musées, le Metropolitan et le Guggenheim. Pas grand-chose à faire en dehors d'un peu de shopping coûteux sur Madison Avenue. Coincés entre la Cinquième Avenue et East River, son territoire, sa population et ses codes sont scindés en deux. Côté ouest, aux abords du parc, résident les familles *WASP*[1] et fortunées, tendance *old money*. À l'est de la Troisième Avenue, le paysage change. Les immeubles deviennent des tours et les boutiques de luxe, des commerces de bouche. Le Lycée français siège au bord de l'East River, et Antoine et Gabrielle ont décidé de s'installer à proximité de la future école de Chloé. Leur agent immobilier, Sky, probable propriétaire d'un compte Instagram entièrement dédié à son brushing, raconte avoir grandi ici et ne pas imaginer quitter ce quartier prisé. Son intonation monte très haut en fin de phrase, transformant chacune de ses déclarations en question. Une manie largement répandue chez les Américaines. Cette inflexion agaçante s'accompagne toujours d'un large sourire publicitaire dégainé en mode automatique.

Ils ont planifié huit visites. L'agence immobilière a réservé un énorme SUV noir avec chauffeur pour les mener d'un appartement à l'autre tout au long de la journée. Comme la veille, les yeux d'Antoine brillent d'une fierté singulière quand il ouvre la portière de la voiture pour laisser monter Gabrielle. L'impeccable dentition de Sky disparaît derrière une vilaine grimace lorsqu'elle découvre la feuille que lui tend Antoine. Il a imprimé un tableau Excel où les visites sont classées suivant un ordre logique de circulation. Un rectangle rouge symbolise les trente minutes dédiées à chaque logement, et

1. *White Anglo-Saxon Protestants.*

juste au-dessous un autre rectangle, bleu, les dix minutes nécessaires de compte rendu. Ces blocs de couleur sont séparés par une ligne blanche représentant le temps de trajet estimé par Google Maps d'un lieu à l'autre.

— *Awesome !* fait mine de s'extasier Sky.

Elle n'a jamais vu un truc pareil ; ce type doit être un sinistre psychopathe. La journée va être longue. Elle ajoute dans un soupir qu'il devrait travailler dans l'immobilier, puis passe négligemment la feuille au chauffeur, sans le regarder.

Installée à l'avant de la voiture, elle se retourne à intervalles réguliers, faisant danser ses mèches blondes en un mouvement maîtrisé pour réciter les anecdotes apprises par cœur sur le quartier. Antoine traduit les grandes lignes. La circulation est fluide aujourd'hui, à cette période de l'année les habitants sont pour la plupart en exil dans leur résidence secondaire des Hamptons. Ou Upstate New York, ajoute-t-elle avec dédain.

Ce matin, le ciel plombé est chargé d'une brume humide, troublant les tours marron qui s'élancent sans grâce. L'œil inquiet, Gabrielle et Antoine observent les grands immeubles au coin de la 72e Rue et de la First Avenue.

— On est certains de ce quartier ? demande Antoine. Ces buildings des années 1970, ça ne m'excite pas beaucoup.

— On se croirait porte de Saint-Cloud. Je n'imaginais pas ça.

— Et encore… Je pensais plutôt à La Courneuve, mais avec les loyers de Monaco. On serait mieux à SoHo, non ?

— On ne va pas s'installer à une heure de l'école ! Ne t'inquiète pas, on va adorer l'appartement sur la 78e Rue. Tu te rends compte qu'il y a un bout de jardin ? Si on peut se payer un extérieur en plein New York…

Ils ont obtenu dans le package une enveloppe de 8 000 dollars mensuels pour se loger. Le tarif classique pour une expatriation à New York. Six mille par couple plus 2 000 par enfant. La somme leur avait paru invraisemblable. Mais, une fois plongé dans la réalité des annonces immobilières, Antoine a vite déchanté.

Les visites s'enchaînent, dans l'ordre arithmétique du tableau Excel. À force de tourner, Gabrielle et Antoine ne savent plus dans quelle rue ou quelle avenue ils sont, et après cinq visites tout se mélange.

L'appartement aménagé au premier étage d'une ancienne *townhouse* se révèle décevant. Parquet trop brillant, cuisine rustique déprimante, chambres immenses et salon minuscule, fenêtres étroites directement sur la rue, obligeant Sky à allumer la lampe de son iPhone pour localiser les interrupteurs. Quant au jardin convoité, il s'agit plutôt d'une arrière-cour bétonnée qui n'a jamais dû voir le soleil.

La dernière visite est programmée en fin de journée. 900 Park Avenue, à l'angle de la 79e Rue. L'avenue la plus prestigieuse de la ville. L'adresse, magique pour Antoine, impressionnera tout de suite leurs amis français.

— Et pas trop loin du Lycée, ajoute Gabrielle.

L'immeuble est une tour de 28 étages construite dans les années 1980 et couverte d'un crépi beige souillé par la pollution. Une fausse statue de Botero trône avec prétention devant l'entrée du bâtiment. Un *doorman* s'empresse d'ouvrir les portières. Antoine apprécie immédiatement ce service à l'américaine. Personne à Paris ne bénéficie du luxe un peu inutile d'un portier à domicile. Gabrielle, elle, grimace en levant les yeux vers le sommet du building et regarde son mari, découragée.

— Allons-y quand même. L'appartement est au 21e étage. Au moins, il devrait être lumineux.

Un plaquage en marbre clinquant habille le sol et les murs du hall de l'immeuble, immense et trop éclairé. Deux canapés anthracite se font tristement face sous les reproductions incongrues de tableaux anglais du XVIIIe siècle. On pourrait être n'importe où dans le monde. Un autre *doorman* s'est chargé d'appeler l'ascenseur et les invite à y entrer.

Antoine adore le petit sursaut de son estomac au moment où l'engin démarre. Il fait maintenant très beau sur New York. La première chose qu'il voit en pénétrant dans l'appartement est l'éclat de la lumière. Et ensuite la ville. New York est à ses pieds, tel un minuscule village de Lego peuplé de fourmis agitées. Il prend une grande inspiration et avance encore un peu. Le parquet sombre grince sous le cuir épais de ses semelles. L'embrasement rasant de la fin de la journée a transformé les buildings en gigantesques pépites dorées, éminemment désirables. Au loin, la flèche de l'Empire State Building se dresse vers les cieux, érection conquérante. Le bleu du ciel a pris une intensité propre à l'altitude. Antoine est au sommet. Il s'approche de la baie vitrée, tentant de contrôler l'agitation nerveuse qui parcourt ses jambes. Sa femme a déjà fait le tour de l'appartement, lui ne parvient pas à se détacher de cette vue. Une vue à un million de dollars. La main de Gabrielle se glisse soudain dans la sienne. Il la regarde avec intensité. Elle se mordille la lèvre inférieure. Un signe de tête suffit à les mettre d'accord.

Day #3

Au dernier moment, Gabrielle a décidé de l'accompagner. Elle souhaitait profiter du rendez-vous d'Antoine avec ses nouveaux collègues pour s'offrir une matinée new-yorkaise, mais le MoMA et les boutiques de SoHo devront l'attendre. Elle sentait à quel point il était fier de lui montrer l'immeuble hébergeant son futur bureau, où de puissants dirigeants avaient décidé qu'il était indispensable à la poursuite de l'expansion de leur entreprise. Et, s'il ne veut rien laisser paraître, elle le sent un peu fébrile. Ce n'est pas un entretien de recrutement, le job est acquis, les contrats sont validés au plus haut niveau ; malgré tout, elle a perçu son anxiété. Cette première rencontre avec le fondateur de Risk.AI Technologies est importante. Quoi de plus normal ? À sa place, elle serait pétrifiée.

Sur Internet, il a repéré un Starbucks où elle pourra l'attendre, à quelques pas, à l'angle de la Sixième Avenue et de la 51ᵉ Rue. Il n'en a pas pour longtemps, les Américains sont réputés rapides et efficaces. Trente minutes au maximum. Après sa réunion, ils n'ont qu'un seul impératif : se rendre à l'agence immobilière pour signer leur contrat de location. Le reste de la journée leur appartient.

Elle le regarde entrer, la tête haute, dans ce gigantesque immeuble de verre. Il tend ses papiers au type de la sécurité puis se tourne une dernière fois vers elle et lui envoie un baiser du bout des lèvres, gentiment crâneur. Elle lui sourit et croise les doigts bien haut en signe de bonne chance.

Gabrielle tourne lentement une cuillère en plastique dans son café latte brûlant. *Cette fois, on y est*, se dit-elle, *les choses se concrétisent. Je suis seule dans cette ville, je guette le retour de mon mari en regardant ma montre, je ne comprends l'anglais qu'à moitié, je fuis la moindre conversation, honteuse de mon accent. Voilà quelles journées m'attendent ici…* Elle a renoncé, au moins pour les trois années de leur contrat d'expatriation, au plaisir d'enseigner le français, elle qui n'avait jamais envisagé d'abandonner son métier. Ni après son mariage ni après la naissance de Chloé. Elle sera bientôt femme au foyer, comme sa propre mère, dans cette ville où elle ne connaît personne. Dans ce pays dont elle s'est si souvent moquée avec ses amis, qui plus est depuis qu'il est dirigé par cet abruti à la peau orange et à la mèche trop blonde. Pourtant, fin juin, elle n'a pas pleuré en faisant ses adieux à ses collègues et aux enfants du collège Paul-Bert de La Garenne-Colombes. Pas plus qu'elle n'a pleuré en août, le jour du grand départ, en quittant leur appartement de Levallois et en embrassant famille et amis. Gabrielle a déjà beaucoup trop pleuré ces dernières années.

Un soir de juin, Antoine est rentré à la maison le regard anormalement pétillant : « J'ai quelque chose d'incroyable à t'annoncer. » Antoine, Antoine Moulière. Son mari. Promu. À New York. Il revient de loin… Quarante-deux ans, analyste financier quantitatif. Une carrière aux promesses non tenues, sans parvenir à décrocher les promotions convoitées. Et soudain, du jour au lendemain, il devient incontournable. C'est sur lui que ses patrons ont décidé de miser, en sortant le package complet : billets Business, déménagement international, loyer monstrueux, coût délirant de la scolarité, salaire revu à la hausse… Le grand chelem. Gabrielle se souvient pourtant de quelle manière un peu terne Antoine parlait de son métier. Les yeux dans le vide, il récitait mécaniquement : « Mon job consiste à développer des modèles mathématiques complexes pour minimiser les risques dans des opérations d'investissement alternatif. » En clair, l'ingénieur anonyme d'une tour de la Défense, analysant des milliers de données crachées par des algorithmes afin de permettre à de jeunes traders, les véritables stars de la banque, de spéculer sereinement sur des *hedge funds* sulfureux. Un travail de matheux, sans l'adrénaline ni les bonus à six chiffres de ses collègues de la salle des marchés.

Au quotidien, Antoine aspirait à la monotonie et fuyait comme la peste le changement ou la nouveauté. Le genre d'homme à hésiter cent fois avant de réserver une semaine de vacances. « On va peut-être trouver un truc mieux ? Ou moins cher ? Et imagine qu'ils fassent une grève à Roissy ? » Ou à changer trois fois de place au cinéma. Cet homme qui refusait un deuxième enfant après la naissance prématurée de Chloé, suite à un problème placentaire, effrayé par le gynéco qui préconisait de ne pas tenter le diable. « Tu as entendu comme moi ? On a déjà eu beaucoup de chance. » Maintenant qu'il est sans doute trop tard, Gabrielle s'en veut d'avoir renoncé sans se battre.

Par fidélité à ses engagements et pour le bien-être de sa fille, elle n'avait pas quitté Antoine. Elle avait bien failli prendre un amant, mais avait renoncé au dernier moment à céder aux sollicitations d'un collègue. Alors qu'elle rêvait d'une famille nombreuse, elle s'était résolue à accepter cette vie à trois. Alors qu'elle fantasmait les excès de la passion, elle avait accepté l'existence tiède d'une petite ville de banlieue. Sur le papier, ils semblaient avoir coché toutes les cases de la réussite. Un mariage, un enfant, un appartement, une voiture, des amis, du boulot. Pourtant, elle se demandait chaque matin, le souffle court, si elle n'avait vraiment plus rien à attendre de cette vie. Lentement la flamme s'était éteinte, sans qu'Antoine semble le remarquer. Gabrielle regardait approcher l'été avec angoisse, certaine de ne pouvoir endurer la trop longue proximité des vacances : elle avait pris la décision de ne pas continuer ainsi. À 40 ans, elle se refusait à renoncer ; elle devait rassembler son courage et le quitter. Et affronter le regard de Chloé, qui serait bientôt bringuebalée d'un appartement à l'autre, apprenant dès ses 5 ans à s'adapter aux caprices des adultes, devenant raisonnable trop tôt.

Mais à la fin du printemps tout a changé. Ce fameux soir de juin où Antoine a débarqué comme une tornade, New York entre les mains, brandissant un futur inattendu. Il s'est précipité pour accepter cette promotion, sans même en parler avec elle ni peser le pour et le contre en famille. Pour la première fois, il n'a consulté personne. Du jour au lendemain, il est devenu le moteur du couple, celui qui mène la danse, un mari d'un nouveau genre, brûlant, capable de tout chambouler, de partir en quelques semaines au bout du monde, assez sûr de lui pour choisir un appartement à 8 000 dollars par mois sans jeter un coup d'œil aux chambres à coucher. Il pariait enfin sur l'avenir alors que l'Antoine d'autrefois renâclait toujours à sortir et n'aimait rien tant qu'une soirée chez eux tous les trois devant un bon film, qu'il choisissait avec un soin méticuleux. Gabrielle se rappelle avoir rêvé qu'il organise un dîner surprise. Ou un week-end en amoureux. Et soudain cette déflagration. Le plan de sauvetage. L'évacuation d'urgence. *New York Calling.*

Il n'avait sans doute jamais soupçonné à quel point elle se sentait seule et fatiguée, pas plus qu'il n'avait perçu l'usure qui la rongeait chaque jour. Et pourtant, ce même homme venait soudainement de l'arracher à leur vie, la tirant par la main en riant.

Elle ne peut s'empêcher de sourire en pensant à la nuit dernière. Depuis quand ne l'avait-elle pas désiré ainsi ? Après la naissance de Chloé, ils avaient adopté une sexualité de préretraités. Une fois par semaine, pas ou peu de préliminaires, cinq minutes chrono, toujours dans le même lit et, bien sûr, dans la même position. Le temps les avait enlisés dans la négligence du désir de l'autre. Mais dès leur arrivée à New York elle a senti son corps se réveiller. Le premier matin, elle s'est surprise à venir s'asseoir sur le sexe d'Antoine. Et, hier encore, cette sensation brutale quand ils ont visité l'appartement. Face à la baie vitrée, il s'est tourné vers elle et, sans ciller, l'a regardée avec une assurance qu'elle ne lui connaissait pas. Si la fille de l'agence immobilière n'avait pas été là, elle aurait pu lui sauter dessus. Ou lui demander de la baiser debout contre cette immense fenêtre. À peine étaient-ils rentrés dans leur chambre d'hôtel, elle s'est jetée sur lui. Ils n'ont pas eu le temps d'atteindre le lit.

Au moment où elle le voit sortir de son rendez-vous, elle se dit qu'à 40 ans, dans ce pays où, paraît-il, tout est possible, elle doit se trouver un projet. Pourquoi pas écrire un roman, ce vieux rêve si souvent reporté ? C'est l'Amérique, oui ou non ? Elle se lève et agite les bras dans sa direction à travers la vitrine du Starbucks. Elle le regarde traverser, fidèle à ses précautions habituelles. Trois coups d'œil à droite, deux à gauche, une dernière hésitation, puis il se lance. Quand elle marche à côté de lui, Gabrielle s'agace souvent de le voir si prudent. Une seconde, juste avant que leurs regards ne se croisent, elle entrevoit l'homme qu'elle voulait quitter : sa silhouette courbée, ses gestes timorés. Comme s'il sentait qu'elle l'observe, il lève les yeux, la voit et s'anime d'un coup. Le nouvel Antoine, celui de New York, est de retour. Tonique, souriant. Un prédateur. Il entre et vient s'asseoir auprès d'elle. Elle lui prend la main et ne la lâchera plus.

— Alors, comment c'était ? Tu veux un café ? Ils sont sympas ?

Les yeux d'Antoine se brouillent. Un voile, fugace, à peine perceptible, mais Gabrielle le connaît et s'en inquiète aussitôt. Pourtant il enchaîne, aux anges.

— Très sympas ! Et hyper pressés que j'arrive. Il y a des projets dans tous les sens et ils veulent me faire rencontrer un monde fou. Quant à mon bureau… j'aurais voulu que tu voies ça, une vue de dingue !

— J'ai eu peur en te voyant traverser, tu étais tout blanc. J'ai cru, pendant une seconde, qu'il y avait un problème.

Antoine ne tient pas en place. Il s'est déjà relevé et il l'attrape par la main pour l'attirer dehors.

— Quel problème, Babs ? Jamais de la vie. Tout est au beau fixe, dit-il. Allez, vite, prends ton café et suis-moi, ils m'ont recommandé de ne pas traîner pour signer le bail. On peut se faire piquer l'appartement dans la matinée.

www.lesmouliere-a-newyork.com
Post #1 - samedi 24 août 2019

Hi everyone,
Ça y est ! C'est le grand départ. Nous décollons demain de Roissy pour notre nouvelle vie. Beaucoup d'excitation et aussi pas mal d'anxiété au programme. Nos affaires et nos meubles ont déjà fait la traversée et nous attendent à New York. Ils seront livrés lundi dans l'appartement que nous avons trouvé le mois dernier. Nous vous tiendrons au courant de notre arrivée et de nos premières impressions.
Nous allons essayer de dormir un peu cette nuit… Chloé nous pose mille questions sur notre vie à venir, et bien sûr nous tentons de la rassurer, même si nous n'avons pas encore toutes les réponses.
À notre arrivée, nous avons une bonne semaine tous les trois pour prendre nos marques et nous mettre à l'heure américaine. Puis, dès le lundi

2 septembre, rentrée scolaire en CP pour Chloé et premier jour de travail pour Antoine ! Il est impatient de prendre ses fonctions. J'ai l'impression que je vais devoir gérer seule notre installation. Je ne sais pas encore très bien comment tout ça va s'organiser.
J'ai prévu des mouchoirs pour les minutes qui précéderont le décollage. Personne n'est à l'abri d'une petite larme. Quelle émotion !
À très bientôt, les amis. On vous embrasse tous.
See you in NY !

Gabrielle, Antoine et Chloé

SEPTEMBRE

2019

No-Go Zones

Antoine trépigne dans son nouveau costume gris, un tissu léger au tombé impeccable dans lequel il se prend pour Cary Grant dans *La Mort aux trousses*.

— Dépêche-toi, Chloé ! Tu vas être en retard à l'école et j'ai un rendez-vous super important dans quarante minutes. Allez, vite, on n'est pas venus ici pour se tourner les pouces !

Il observe sa silhouette dans le miroir du couloir et s'impatiente devant l'ascenseur. Il regarde sa montre puis vérifie à nouveau l'heure sur son téléphone. Gabrielle vient l'embrasser en tee-shirt de sport et legging, un mug HI BITCH ! I'M FROM NEW YORK à la main. Elle lui rajuste le col sans cravate de sa chemise blanche, le félicite une fois de plus d'avoir une allure « tellement plus chic que les Américains », puis leur envoie des baisers alors qu'ils entrent dans l'ascenseur.

— Bon courage, mes chéris. Je vous aime.

— Pourquoi « Bon courage » ? On a tellement de chance d'être ici ! Allez, bonne journée, mon amour. Je t'appelle dans l'après-midi pour te dire vers quelle heure je rentre.

— Et nous, on se retrouve à la sortie de l'école, ma princesse. On ira jouer à Central Park avec ce beau soleil.

— Tu seras pas encore en retard, maman ? Hier je t'ai attendue. J'étais la dernière avec la maîtresse.

— Ouais, Babs, 15 h 20 l'école, n'oublie pas. Chloé, appuie sur le bouton. Oui, celui avec un *L* comme *lobby*. Allez, *go* !

Sa proximité avec l'école et sa vue spectaculaire sur New York sont les deux seuls points forts de cet appartement, se dit Gabrielle en refermant la porte. Le reste est banal, plafond trop bas et plan fonctionnel, sans charme ni surprise. Moche selon elle, pratique selon Antoine. Leur minuscule cuisine semble avoir été installée dans un couloir, alors que les deux salles de bains sont trop grandes et prétentieuses. Gabrielle s'est donné un mal de chien pour faire cohabiter leurs meubles, mélange disparate d'Ikea et d'héritage familial, et la fadeur du lieu. L'haussmannien parisien présentait l'avantage de donner un semblant d'élégance à la moindre étagère Billy. Malgré les protestations d'Antoine, elle a tenu à disposer sur le buffet du salon des photos encadrées de leurs familles respectives. Selon elle, on est loin et c'est important pour Chloé. Selon Antoine, on se croirait chez des Américains avec ces portraits trop souriants. En terminant son café, elle regarde l'appartement, assez fière du travail accompli en dix jours.

Antoine marche à toute allure dans la rue, Chloé à la traîne derrière lui. Elle se plaint de cette ville où elle doit toujours courir.

— C'était mieux avant ! On était plus près de l'école.

— Elle aurait pu faire un effort, ta mère, avec son yoga. Ce matin, ça ne m'arrange pas de t'accompagner.

— T'es toujours pressé, maintenant…

Elle reste silencieuse un instant.

— J'aimerais bien un chien.

Antoine ne répond pas, perdu dans ses pensées.

— Tout le monde a un chien dans ma classe.

— On en parlera plus tard.

— C'est toujours plus tard avec toi.

Après avoir embrassé sa fille devant la porte de l'école, Antoine accélère le pas et plonge dans son smartphone afin de ne pas croiser le regard d'un parent attentif aux nouvelles têtes et désireux de démarrer un *small talk* de bienvenue. Il s'éloigne en direction du métro en vérifiant l'heure une fois de plus.

Il ralentit trois blocs plus loin, souffle et contemple son reflet dans la vitrine d'un Lavomatic. 8 heures 20. Sa journée est terminée. Il a dix heures devant lui.

Depuis deux semaines, il est censé avoir commencé son nouveau job. Soixante heures par semaine bien tassées, beaucoup de réunions, des enjeux importants, de grosses responsabilités. Et depuis deux semaines il visite la ville, collant ses pas à ceux d'un New-Yorkais choisi à l'instinct. Toujours des hommes. Aujourd'hui, il a jeté son dévolu sur l'exploration de Stuyvesant Town, au bout d'East Village, dans le sud de Manhattan. Les dizaines d'immeubles de logements sociaux en brique rouge rigoureusement identiques ont été construits dans les années 1960 le long d'une autoroute urbaine qui fait le tour de Manhattan. Autrefois, ces rues étaient sordides et dangereuses. Tout est calme depuis longtemps et sans intérêt particulier. Exactement ce qu'il recherche. Ce quartier, personne ne vient le visiter et la probabilité de tomber sur sa femme est raisonnablement très basse. SoHo, Nolita, Tribeca ou tous les coins agréables de Brooklyn comme Williamsburg et Park Slope sont devenus d'emblée ses *no-go zones*, des périmètres interdits, trop risqués pour qui veut passer inaperçu. Il a délimité avec précision les lieux où il peut errer sans crainte. Et, sans quitter la ville, son terrain de jeu semble infini. Il doit cependant demeurer vigilant, Gabrielle s'étant mis en tête de tout voir, de tout connaître pour être une vraie New-Yorkaise avant Noël.

Au pire, il lui restera le New Jersey.

En plaçant ses pas dans ceux d'un inconnu, Antoine devient un autre pour quelques heures. Depuis son arrivée, il a été marchand de glaces ambulant à Harlem, trader à succès dans les rues de Wall Street, boxeur à la retraite sur les avenues désertes du Queens, jeune skateur dans le Bronx, Loubavitch échappé d'un autre temps dans les rues lointaines de l'immense Brooklyn, ou surfeur tatoué à Rockaway, au bout de la ligne S, à quelques encablures de JFK. L'Amérique de tous les possibles.

En partant ce matin, il a oublié de glisser ses affaires de sport dans son sac de travail. Il ne pourra pas aller se défouler sur des machines de fitness pendant la journée. Il va falloir lever le pied sur le sport, d'ailleurs. Ses bras trop maigres ont déjà pris du volume et quelques muscles insoupçonnés semblent se dessiner sur son torse. Babs pourrait s'étonner de cette nouvelle silhouette. Elle appréciera, mais posera vite des questions embarrassantes. Une bonne occasion d'aller rôder dans les salles obscures d'East Village et revoir quelques classiques du cinéma américain, la seule véritable passion d'Antoine depuis son adolescence.

Comme si son absence avait à peine été remarquée par ses proches, il n'a reçu aucun coup de fil depuis leur arrivée. Famille et amis semblent se contenter pour l'instant des nouvelles données par Gabrielle. Personne n'ose le déranger pendant sa prise de fonctions. Un job à New York laisse sans doute peu de temps à la futilité d'une conversation amicale. Pour l'heure, avant de démarrer une nouvelle filature, et pour faire bonne figure, Antoine se contraint à passer quelques coups de fil enthousiastes. Il décrit en détail à sa mère la vue de son bureau, puis plaisante avec Olivier, un vieux copain, se moquant des habitudes de travail des Américains.

L'été indien n'est pas une invention pour attirer les touristes après la saison estivale. Depuis leur arrivée le soleil brille haut dans le ciel new-yorkais, et les températures sont parfois écrasantes. Pour éviter un hâle suspect, Antoine se tartine consciencieusement le visage d'écran total. Lui, pourtant si prévoyant, refuse de se poser trop de questions sur le planning de ses journées lorsque l'hiver commencera à poindre. Ou, avant cela, lorsque tomberont les pluies de novembre. Il a tant de choses à régler d'ici là ! La priorité consiste à trouver le meilleur moyen de gagner beaucoup d'argent, rapidement.

www.lesmouliere-a-newyork.com
Post #2 - jeudi 12 septembre 2019

Hi everyone,
Et voilà, vous allez dire que je vous ai déjà oubliés. Nous sommes arrivés depuis deux semaines et je n'ai encore rien publié. Promis, je serai plus assidue, mais depuis notre départ de Paris je n'ai pas eu une seconde à moi.
Alors, par où commencer ?
Tout d'abord, nous allons bien tous les trois. Chloé est contente de son école, même si ses copines lui manquent. Le Lycée français de New York est une grosse machine, avec des centaines d'élèves et des équipements impressionnants pour une petite Française ! Même la cantine a des allures de restaurant universitaire. Moi aussi, je suis retournée à l'école. Comme élève cette fois, pour suivre des cours d'anglais avec un groupe de femmes venues des quatre coins du monde. Notre professeure est une

vieille dame, râleuse et rigolote, nostalgique du New York de sa jeunesse. Quant à Antoine, il est à bloc : le sourire aux lèvres, il enchaîne les projets et les journées marathon.
Comme il fait encore très beau, Chloé et moi allons souvent nous promener à Central Park après l'école. L'endroit est magique, difficile à imaginer quand on a en tête les parcs parisiens. Bien sûr, on croit le connaître par cœur, avec tant de scènes vues au cinéma. Mais y flâner procure un sentiment de liberté et de vacances. Il donne des envies de jogging au long cours, de séances de yoga sur les grandes pelouses, de siestes sous les arbres ou de balades en amoureux.
Je dois aussi vous parler de nos *doormen*. Rien à voir avec les gardiennes parisiennes ! Nous avons une brigade d'au moins huit portiers ambiance grand hôtel, toujours prêts à nous aider : tenir la porte, récupérer un colis ou aller au pressing, appeler l'ascenseur ou faire un compliment à Chloé. Les Américains aiment le service, mais là c'est carrément de l'assistance. Dix fois par jour j'ai droit à mon « *Hello Mrs Moulière, how are you doing today ?* » comme si nous ne nous étions pas vus depuis des semaines. En général, je souris bêtement et me contente d'un timide « *Hello* » ou d'un simple « *Thank you* ».
Une seule ombre au tableau pour l'instant : les courses. Je n'ose pas vous dire combien

j'ai payé la semaine dernière pour un demi-caddie ! Je suis encore en train de comparer. Antoine me dit d'arrêter, sans quoi je ne vais rien acheter. Mais on va trouver les bonnes adresses pour être prêts à vous recevoir ! On vous attend. Venez vite !

Je vous embrasse fort.
See you in NY,

Gabrielle,
+ Antoine et Chloé

Bad Timing

Antoine s'est arrêté déjeuner dans un japonais bas de gamme de la Onzième Avenue qui sert des yakitoris copieux et écœurants. Installé au fond de la salle, il a vite décidé que le petit bonhomme d'une quarantaine d'années assis à deux tables de lui dans un costume trop épais pour la saison ferait une cible idéale pour sa filature de l'après-midi. Probablement l'attaché de clientèle d'une agence bancaire. Le type a mangé vite et s'est levé avant qu'Antoine ait eu le temps de terminer ses brochettes. Fidèle à ses principes, il est sorti à sa suite. Dehors, il a allumé une cigarette le temps de laisser un peu d'avance à son poisson-pilote.

L'homme a marché 300 mètres à peine avant d'entrer dans la concession Mercedes voisine. Antoine avait raison de l'imaginer en commercial, mais la filature aura été de trop courte durée pour remplir son après-midi. L'avenue est déserte, il ne trouvera personne d'autre à suivre avant un bon moment. Alors il se résout à avancer tout droit et se perd, une fois de plus, dans les souvenirs de cette effroyable journée du 30 juillet.

Les portes de l'ascenseur se sont ouvertes sur Ryan. Sa poignée de main virile, gonflée au maïs transgénique. Et la vision fugitive des pom-pom girls ardentes dans les vestiaires, s'occupant avec zèle du corps athlétique de ce crétin. Antoine n'a jamais été l'objet de la ferveur collective de supportrices d'un quelconque triomphe sportif, mais il a assez d'imagination pour en vouloir d'emblée à ce bellâtre trop souriant.

Le rictus aimable de Ryan a disparu dès qu'ils se sont assis dans son bureau. Tout a été expédié en vingt minutes. Il ne s'était jamais fait virer si vite. Il ne s'était jamais fait virer tout court. Comme prévu, Ryan a été rapide et efficace. Quelques minutes avant leur rendez-vous, le fondateur de Risk.AI Technologies, déjà archimillionnaire du haut de ses 32 ans, avait réussi à convaincre son nouvel actionnaire, la direction générale du Crédit de France, qu'il n'avait pas besoin d'Antoine ici. Il était plus judicieux d'envoyer son chief technical officer, Zack, à Paris pour quelques mois plutôt que d'accueillir à New York un cadre français du groupe. Ce n'était pas dirigé contre lui, mais Antoine a vite compris que ce Ryan n'éprouvait nulle envie d'avoir dans les pattes un employé à la solde de la maison-mère.

Le siège avait plié et accepté ses conditions. Le transfert d'Antoine avait tout bonnement été annulé, en un échange d'e-mails et un coup de fil matinal.

Courtois, sûr de lui, à peine embarrassé, Ryan s'est mollement excusé pour le dérangement avant de recouvrer son sourire de fayot pour proposer à Antoine de profiter d'être là pour rencontrer le fameux Zack.

— Au moins, tu ne seras pas venu pour rien.

Ce gamin lui parlait comme s'il s'excusait d'avoir dix minutes de retard à leur rendez-vous. Une broutille, un détail sans importance. Antoine n'a pas voulu voir Zack. Pas plus qu'il n'a tenté d'argumenter ou de défendre sa position. Il n'a pas non plus cherché à faire bouffer à Ryan sa suffisance merdique. Il a juste demandé un bureau isolé pour téléphoner à son patron en France.

— Je sais, Antoine, *bad timing*. Mais vous savez comme moi qu'on ne peut prendre aucun risque. On vient quand même de lui lâcher 10 millions, à votre Ricain. Et 10 de plus dans trois ans. Vous imaginez bien qu'un actionnaire, même majoritaire comme nous le sommes, ne va pas s'opposer d'emblée au fondateur. Le gars va nous chier dans les bottes ! Vous verrez, pour vous aussi ce sera plus simple de tout piloter depuis Paris. Et au fond elle me plaît, cette idée de faire venir leur CTO pour implanter leur bazar dans nos modèles de prévision. Sans parler de l'impact financier de vos trois ans de balade à New York, ça compte dans ce genre de calcul. Allons, Antoine, je comprends votre déception, mais figurez-vous que pendant que vous dormiez tranquillement j'ai passé la matinée avec la DRH du groupe. On vous a prévu une belle augmentation et c'est vous qui mènerez les opérations de fusion. Et votre femme retrouvera son poste, encore un avantage de la fonction publique, non ? Essayez de voir cette mésaventure comme la chance d'un séjour en amoureux aux frais de la princesse. Allez, Antoine, haut les cœurs ! On vous attend à Paris dans trois jours pour discuter calmement de tout ça.

Voilà, c'était déjà fini. D'un claquement de doigts, le caprice d'un millénial bien bâti avait fait chavirer la nouvelle vie d'Antoine, l'obligeant à réendosser son rôle attitré d'éternel perdant.

Les portes de l'ascenseur se sont rouvertes sur le hall du building. Antoine allait devoir sortir, traverser la rue, rejoindre sa femme et tout lui raconter. Redevenir Antoine Moulière, 42 ans, marié, un enfant, analyste quantitatif spécialisé dans les calculs de risques. Sans prime ni prestige. Il l'apercevait déjà, elle lui faisait signe derrière la vitre du café. Elle s'était levée en le voyant et sautillait d'un pied sur l'autre, son latte à la main. Il lui a souri à son tour et est venu la retrouver.

En traversant, il a pris une décision radicale, pour une fois sans en calculer les risques. Hors de question de se laisser foutre dehors. *On m'a proposé de partir à New York, donc je pars à New York. Contre vents et marées, contre les visas, contre toute logique financière et contre ce petit con de Ryan. Je ne les laisserai pas m'humilier.* Il a tranché net. Ils ont signé le bail de l'appartement, validé l'inscription dans l'école de Chloé et sont rentrés en France pour préparer le grand départ. Antoine a élaboré son plan dans l'avion de retour et n'a pas dévié d'un iota une fois à Paris. Dès le lendemain il a négocié une rupture de contrat. Quinze ans de bons et loyaux services additionnés à la bourde de son expatriation avortée lui ont permis de quitter le Crédit de France en quelques jours avec à la clé un chèque de 90 000 euros net et l'engagement du DRH de ne pas faire sauter tout de suite leurs visas.

À force d'économies prudentes, Antoine et Gabrielle disposaient d'environ 80 000 euros sur leurs livrets bancaires. En additionnant les deux sommes, et grâce à un taux de change favorable, il pouvait tabler sur près de 200 000 dollars. Il a rapidement fait ses comptes. Il devait soustraire du pactole 40 000 dollars pour l'année scolaire au Lycée français, plus 14 000 pour le déménagement international, et enfin 7 000 pour leurs trois allers simples en Business. Pas question de voyager en éco, Gabrielle n'aurait pas compris cette soudaine mesquinerie. Une fois déduits les faux frais d'installation, il lui restait donc 130 000 dollars disponibles pour vivre. Le calcul des charges mensuelles était aisé pour un cerveau exercé comme le sien : 8 000 pour l'appartement ; pas loin de 1 000 pour les dépenses type électricité, gaz, Internet, téléphones portables ; 1 500 pour faire tourner la maison alimentation incluse ; 1 000 à nouveau pour une indispensable assurance maladie, Gabrielle ayant la manie d'amener Chloé chez le médecin dès qu'elle a le nez qui coule ; 2 000 pour les plaisirs type restaurant, sport, cinéma et les activités *afterschool* de sa fille ; 1 000 de femme de ménage et de baby-sitter ; et enfin 1 500 dollars de réserve à lisser sur l'année pour les voyages ou week-ends. Soit 17 000 dollars par mois, net. Quand même.

Il doit absolument assurer un train de vie à la hauteur de son job afin que Gabrielle ne se doute de rien. Sur la grille des salaires de Manhattan, il est dans la fourchette supérieure. Sur celle des expatriés français, il est plutôt en dessous, mais rien de ridicule. À ce rythme, ils ont de quoi tenir sept mois. Huit s'il parvient à se serrer un peu la ceinture. Gabrielle ne jette jamais un œil aux relevés bancaires ni aux papiers administratifs, zéro risque de ce côté-là. Il a jusqu'à mars pour trouver une solution. Dernier carat. Il avisera à ce moment-là. S'installer durablement s'il a réussi son coup, ou rentrer en France. Il sera plus aisé de justifier un retour anticipé au bout de quelques mois. *Les Américains sont insupportables. Pas question de rester un jour de plus dans ce pays de trumpistes. La famille nous manque trop. Chloé ne parvient pas à s'adapter à sa nouvelle école*... Personne ne creusera. Son père se foutra de sa gueule, comme d'habitude – « Voilà ce qui arrive quand on pète plus haut que son cul » –, mais leurs amis seront heureux de les voir revenir si vite.

Antoine sait combien les véritables opportunités sont rares dans une vie. Ces carrefours où une décision peut tout changer. On en rencontre peut-être deux ou trois, guère plus. Il a refusé de laisser filer cette occasion. Pas question de se faire voler cette chance et de constater dans quelques années la platitude de son existence. Combien de types moins brillants lui sont déjà passés devant ? Pas cette fois. Pas cette humiliation supplémentaire. Devoir expliquer son échec à sa femme, ses parents, leurs amis, ses collègues. Percevoir derrière un regard compatissant ce petit éclat d'ironie : « Ça ne m'étonne pas, New York c'était trop gros pour lui. » Non, il a droit à ses succès lui aussi. Il mérite son conte de fées américain et le frisson de la tangente. Antoine est un pur produit de la classe moyenne de la périphérie stéphanoise, cette France pavillonnaire qui hésite entre campagne et banlieue. Il a été élevé à la lisière des lumières de la ville, le long d'une nature défigurée par les centres commerciaux et le bitume de leurs rocades d'accès. Et il a toujours voulu s'en extraire. Scolarité exemplaire puis départ pour la capitale : classe préparatoire scientifique. À peine arrivé à Paris, il a rectifié quelques lettres de son prénom, incompatible avec ses ambitions. Anthony est devenu Antoine. Simple changement d'usage, sans la moindre démarche officielle auprès de l'administration. Ses relations parisiennes ne le connaissaient que sous ce nom, et il a enjoint aux autres de changer leurs habitudes. Face à sa détermination, ses parents ont fini par céder et, avec le temps, à s'habituer à la substitution. Antoine sait qu'ils en ont souffert, comme de ses choix de carrière. Son père, surtout, n'a jamais compris son attrait pour la finance internationale. « Si tu es si malin que ça, rends-toi plutôt utile avec un vrai métier. » Mais Antoine a poursuivi sa route, sans écart ni improvisation. Travail. Mariage. Enfant. En déambulant au hasard des rues de New York, en toute illégalité et sans emploi, il salue son culot inédit et se félicite d'avoir osé tout miser sur ce coup de dés.

Il continue à marcher droit vers le sud comme un automate. Perdu dans ses pensées, il a fini par arriver dans le nouveau quartier d'Hudson Yards. Comment une métropole aussi dense que New York a-t-elle réussi le tour de force de bâtir un quartier entier, ici, en plein Manhattan ? Il admire la tonicité de cette ville en comparaison de Paris, conservatrice et frileuse, qui n'aurait jamais eu l'audace d'envisager un tel projet. Il ne s'agit pas de la rénovation de quelques immeubles, mais bien de la construction de plusieurs tours élancées, de nouvelles rues, d'une station de métro, d'un immense centre commercial dédié aux marques de luxe, d'une salle de concert et d'une œuvre architecturale étonnante, le Vessel. Antoine est fasciné par la démesure de ce vase cuivré, qu'il s'imagine soulever à bout de bras et brandir tel un trophée sportif, symbole de sa réussite américaine à venir. Cette structure alvéolaire haute de 50 mètres au moins, clinquante sous le soleil, abrite des dizaines d'escaliers qui se croisent à l'infini comme dans les dessins en trompe-l'œil d'Escher. Il monte au pas de course jusqu'au dernier niveau. Gabrielle est déjà venue, elle lui a montré ses photos. Aucune chance de la rencontrer là-haut. La ville verticale, phallique et glorieuse, se dresse face à lui. Quelle fierté d'être là, d'avoir tenu bon contre les actionnaires frileux et le coup de Trafalgar de cette expatriation ratée ! Il doit maintenant trouver en lui la force d'aller de l'avant et cesser d'errer dans cette ville comme un looser. Il doit transformer en succès les risques qu'il a pris. Il branche ses écouteurs et recherche dans ses playlists Spotify une chanson précise. Les premières notes d'« Empire State of Mind » l'enflamment aussitôt. Ode à l'énergie électrique de cette ville, les paroles de Jay-Z et Alicia Keys sonnent comme un cliché. Tant pis, il raffole de ce manifeste galvanisant. Il va élaborer un plan, s'en sortir, conquérir New York. Pas de doute. Pour bien démarrer, il organise pour le soir une jolie surprise pour Gabrielle. Sur son téléphone, il réserve deux billets VIP et lui donne rendez-vous au sommet de l'Empire State Building, comme dans le film avec Cary Grant et Deborah Kerr.

Elle va adorer.

Shopping Therapy

La forte odeur d'herbe la surprend à chaque coin de rue. Les cigarettes ont été unanimement remplacées par les pétards. Un groupe de jeunes avant les cours, un cadre stressé en bas de son bureau, une mère de famille en route vers sa séance de Pilates, peu importent l'heure ou le quartier, les New-Yorkais s'échappent dans les vapeurs de la *weed*. Gabrielle se retourne plusieurs fois par jour, machinalement, pour tenter d'identifier la source de ces effluves. Elle semble être la seule à s'en étonner. Plus personne ne réagit. Ni sourire complice ni regard sombre. Ça fait partie du paysage comme un taxi jaune ou un tapis de yoga porté en bandoulière. Même les flics semblent blasés. Ça l'agace. Elle ne comprend pas ce pied de nez permanent à l'ordre et à la loi. Les Américains sont pourtant si respectueux des consignes ! Voilà d'ailleurs une chose qu'elle a tout de suite aimée ici : ce sentiment apaisant de sécurité, cette impression que rien de mauvais ne peut arriver.

Pour le reste, en revanche, le tableau est loin d'être parfait. Elle fait de son mieux pour paraître comblée, rédigeant avec soin les posts enjoués de son blog, travaillant chaque phrase pour lui donner cette consonance naïve, parfois un peu niaise, propre à créer l'image d'une femme épanouie qui jongle entre sorties d'école et séances d'aspirateur, admirative des succès de son mari. Elle se souvient de sa grand-mère qui répétait souvent ce mantra d'un autre âge : « Dans chaque foyer heureux, il y a une femme oublieuse d'elle-même. » Enfant, déjà, ça l'horripilait. Elle s'était fait le serment de ne jamais dépendre de personne. Et la voilà contrainte d'embrasser tous les attributs de cette maxime imbécile.

Lundi, 9 heures. Une nouvelle semaine vient de commencer et déjà elle compte les heures qui la séparent du week-end. La solitude lui pèse. L'énergie positive des Américains la ramène constamment à un sentiment de vide. À l'écart de cette fameuse effervescence new-yorkaise, elle regarde se dissoudre deux comprimés d'Alka-Seltzer en espérant calmer sa migraine. Il est temps de se rendre à son cours d'anglais, unique rendez-vous de la journée avant la sortie d'école de Chloé. Elle enfile une paire de sneakers, s'assure d'avoir bien rangé sa MetroCard dans son sac et jette un coup d'œil à son reflet dans le miroir de l'entrée. À peine a-t-elle franchi le pas de la porte qu'elle éclate en sanglots. Elle ne s'y attendait pas. Rien qu'à l'idée de sourire encore à l'autre abruti de *doorman*, toujours si aimable… Il doit penser qu'elle n'en branle pas une, la petite Française du 21e étage. *Quelle conne !* se dit-elle en enfonçant ses ongles dans sa paume pour calmer son angoisse. Elle pleurniche comme une gamine dans cette ville qui fait rêver la planète ! D'un revers de la main, elle essuie ses larmes et rentre, file dans la cuisine, ouvre le congélateur et se sert un verre de vodka glacée. Elle grimace. Sans prendre la peine de vérifier la traduction sur Google, elle prévient par message sa professeure qu'elle ne viendra pas à son cours aujourd'hui. *Ni aux suivants*, se dit-elle. Elle est à New York, bon sang ! Il y a mille autres façons d'apprendre l'anglais. Elle ressort de chez elle et se précipite dans la rue sans accorder le moindre regard au *doorman*. C'est rassurant de paraître occupé. À peine dehors, elle attrape un taxi direction Elisabeth Street. Ras le bol des musées ; aujourd'hui elle va claquer du fric.

Quelques heures plus tard, elle termine avec délice son assiette de couscous végétarien au Café Gitanes, les pieds encombrés par tout un tas de sacs. Elle s'est lâchée comme jamais.

Au moment de se lever, elle jette un regard aux deux filles de la table voisine. Sans parvenir à saisir leur conversation en détail, elle envie leur joie de vivre, leur liberté. Elle a connu ce sentiment d'évasion insolente à son arrivée à New York. Partir, l'ivresse de l'inconnu, la lumière au bout du tunnel, une page blanche pour se réinventer… Tous les clichés bien réels sur l'avenir, et par là l'occasion de sauver son couple. Cette aventure allait rendre le quotidien supportable, avait-elle pensé en montant dans l'avion.

Et maintenant je fais quoi, moi ? se dit-elle en rassemblant ses sacs. Tout le monde se moque de savoir ce qu'elle va devenir pendant les trois ans qui viennent. Elle n'est quand même pas venue jusqu'ici pour rafistoler un mariage boiteux, consacrer ses journées à élever sa fille, chercher de quoi nourrir son compte Instagram ou apprendre à cuisiner une lamentable dinde pour Thanksgiving ? *Sérieusement, c'est ça mon programme ?*

Hors de question de se glisser dans la peau trop fade de la gentille femme au foyer. Elle va garder ces conneries pour son blog. Pour l'instant, elle doit réfléchir. Elle se rassied et téléphone à l'école. Elle sera en retard pour la sortie de Chloé. Tant pis. Sa fille attendra.

Alumni

Antoine se souvenait d'un certain Marc Kauffman parti s'installer à New York à la fin de leurs études d'ingénieur. À cette époque déjà, Marc misait sur l'esprit d'entreprise américain pour concrétiser ses ambitions. Ensemble, ils avaient enchaîné math sup., math spé., puis une école de mathématiques haut de gamme spécialisée dans les statistiques. Il n'a pas fallu longtemps à Antoine pour le retrouver sur LinkedIn. Bonne calvitie, vingt ans de plus et probablement autant de kilos en trop, mais toujours ce regard déterminé. L'orthographe de son prénom a été légèrement revue et corrigée pour s'américaniser. Mark. Antoine est mal placé pour porter un jugement sur ce genre de coquetterie.

Mark se souvenait d'Antoine lui aussi et avait proposé un dîner dès le lendemain, au Dutch, un restaurant de SoHo où il a ses habitudes. Antoine était heureux de constater que ce type ne l'avait pas oublié. Tant de gens semblent avoir du mal à se souvenir de lui. Il a prétexté un dîner de travail, n'osant pas dire à Gabrielle qu'il sortait avec un vieux copain. Depuis quelques jours, il voit qu'elle se sent seule, inutile d'en rajouter. D'ailleurs, il ne fait pas ça pour s'amuser. Il tire sur le peu de ficelles dont il dispose pour tenter de s'imposer. Mark lui sera peut-être utile, mais pour l'instant hors de question de raconter la vérité. Il s'agit de ferrer le bonhomme.

— Je ne vais pas te mentir, Antoine, lui dit Mark de but en blanc. J'ai accepté ce dîner par pure curiosité. Pour voir ce que tu étais devenu après toutes ces années. Mais ne compte pas sur moi pour faciliter ton intégration. Je préfère te le dire, je fuis comme la peste tous les Français qui viennent s'installer ici.

— Mais pourquoi ?

— Tu vas vite t'en rendre compte. Les expatriés sont des enfants gâtés. Ils sont déconnectés de la réalité, ils évoluent en rang serrés aux frais de leur boîte, ambiance business school et « Lacs du Connemara » en fin de soirée. C'est une communauté arrogante et toxique. Désolé que tu en fasses partie. Mais sérieusement méfie-toi de ces gens-là.

— Me méfier ? Mais de quoi ?

— De te croire arrivé au sommet. De devenir comme eux. D'appartenir à cette tribu inutile. Bon, laisse tomber, je ne veux pas te plomber à peine débarqué, *fresh off the boat*, comme disent les Américains. Allez, raconte, pourquoi tu es là ?

— Un coup de chance. Après l'Ensae, j'ai rejoint Rothschild en tant qu'analyste, puis le Crédit de France en asset management, toujours dans l'analyse quantitative. Et là, ils m'ont envoyé ici pour travailler dans une *fintech* super innovante dans les modélisations du risque. Une plate-forme sophistiquée, avec un algorithme performant d'IA. La banque l'a acquise récemment et veut garantir son investissement grâce à un type comme moi, capable de piger ce fameux algorithme et de faciliter son intégration dans nos modèles de calcul. Je connais le métier par cœur et j'étais le seul vrai bilingue de l'équipe. C'est pour ça qu'ils m'ont choisi, même si c'était très inattendu pour moi.

— Bien joué.

— Merci. Et toi, alors ?

— Tu es venu seul ou en famille ?

— En famille. Avec ma femme et notre fille de 5 ans.

— Lycée français, Upper East et compagnie ?

— On est prévisibles à ce point ?

— T'es un mec du risque, donc t'as assuré tes arrières en suivant le mouvement. Classique. Pas nécessairement judicieux, mais classique.

Un serveur vient à leur table et remplit leurs verres d'une eau glacée. Antoine s'apprête à commander mais le garçon lui explique avec un fort accent mexicain qu'il ne prend pas les commandes. Un autre serveur va arriver.

— J'oublie toujours, dit Antoine en souriant à Mark. Un homme, une fonction. Le taylorisme appliqué à la restauration.

— Tu verras, on s'habitue vite. Et du reste c'est assez efficace cette façon de découper le monde en tâches claires. Ça évite les improvisations.

Le niveau sonore du restaurant étant à peine supportable, les deux hommes demeurent muets un peu trop longtemps. Mark le regarde en caressant machinalement les poils roux de ses avant-bras. C'était autrefois un matheux nerveux, de ceux qui jouaient sans cesse avec leur stylo, le faisant tourner entre leurs doigts pour enchaîner à l'infini des cercles parfaits sur le gras du pouce. Ils étaient nombreux en prépa à maîtriser ce geste technique. Antoine s'était longtemps entraîné seul à son bureau pour leur ressembler, en vain. Son stylo tombait invariablement. Avant que le silence ne devienne embarrassant, Antoine se lance.

— Bon, assez parlé de moi. Et toi, alors ? J'ai vu sur LinkedIn que tu étais installé ici depuis la fin des études. Marié à une Américaine ?

— Indécrottable célibataire.

— On entend toujours dire qu'il est difficile de se faire des amis américains. Idem avec les femmes ?

— Les Américains se fréquentent. C'est assez transactionnel comme échanges, souvent calculé, et rarement intime. Mais il n'y a aucune malveillance à ça, ils ont grandi là-dedans. Leur vie suit une ligne tracée sur le sol dès leur naissance, faite de rites sociaux et de remboursements de crédits.

— Ça laisse peu de place à la spontanéité.

— Et toi, monsieur Risque, tu improvises beaucoup dans ta vie ?

— Touché ! répond Antoine, frustré de ne pouvoir rendre justice à ses récents talents d'improvisation.

Un serveur vient enfin prendre leur commande. Il récite la longue liste des *specials* qui ne figurent pas au menu, puis s'inquiète de connaître les allergies de chacun.

— Tu travailles dans les cryptos, c'est ça ? poursuit Antoine une fois le serveur reparti. Pas simple, non ? Les cours viennent de s'effondrer…

— On s'est tellement gavé ces dernières années que je peux faire le dos rond sans problème. Et je suis assez *bullish*. T'inquiète, ça va repartir comme en 1940. Achète, c'est le moment.

— T'as monté ta boîte ?

— J'ai surtout acheté un ordinateur et un fauteuil confortable. Je travaille seul, à mon rythme. Les employés et la dépendance, très peu pour moi. Mais assez bavardé, qu'est-ce que tu attends de moi en dehors de ces banalités sur les Américains ou de te mettre en relation avec nos compatriotes ?

— Rien de transactionnel de mon côté ! J'ai juste envie d'une conversation sympa et de tes bons tuyaux. Tes restos préférés, tes plans week-end, la meilleure adresse pour trouver du fromage ou du pinard pas trop chers, bref tes *do* et *don't* de New York.

— Bien tenté, mais tu ne me feras pas croire qu'un type comme toi n'a pas déjà tout épluché sur Internet, répond Mark, cinglant, tout en retrouvant le sourire quand arrive son énorme burger avec supplément bacon et double portion de frites.

Il pointe d'un menton attristé la salade Caesar d'Antoine.

— Tu manges rien d'autre ? La viande est délicieuse ici.

— J'essaie de faire un peu gaffe, et Gabrielle et moi on est plus ou moins en train de devenir végétariens.

— Ah ! Vous êtes au bon endroit ! En un claquement de doigts j'ai vu passer les New-Yorkais de l'insouciance absolue à une paranoïa totale au sujet de leur santé. Du sport, du kale et des myrtilles. Tu vas t'y mettre aussi ?

— Au sport ? Ça n'a jamais été mon fort, mais c'est vrai que depuis qu'on est là je dois dire…

— Pas besoin d'imiter toutes les névroses qui t'entourent.

— Il n'y a pas de mal à se bouger un peu.

— On dirait mon médecin. J'ai passé ma vie à lui répéter les fameux mots de Churchill : « No sport. » Et maintenant il veut absolument que je me remue.

— Tu pourrais démarrer tranquille. Un peu de course à pied ou des exercices sur des machines. J'ai pris une membership chez Equinox.

— Transpirer dans une salle aveugle avec des Schwarzenegger sous stéroïdes, je passe mon tour.

Antoine le regarde en souriant. Il doit tenter quelque chose avant que vingt ans ne s'écoulent à nouveau jusqu'à leur prochaine entrevue. La carte du sport semble perdue d'avance mais il n'a pas d'autre idée et il doit réagir vite.

— Viens courir avec moi !

— Tu crois vraiment que tu vas me faire courir ?

— Pourquoi pas ? On pourrait se retrouver tôt le matin.

— Moi, le matin ? Jamais de la vie. Laisse tomber, Antoine.

— À défaut de te faire du bien, ça nous donnera au moins l'occasion de nous revoir.

— Et tu te décideras à me dire ce que tu attends de moi ? Bon, d'ici là, il est temps que je file.

Il se tourne vers le serveur pour demander l'addition. Antoine se sent obligé de payer. Mark proteste mollement, expliquant qu'ici tout le monde divise l'addition, même pour un rendez-vous Tinder. Une fois dehors, avant de se séparer, ils fument une cigarette en silence devant le restaurant. Mark n'habite pas loin et a décidé de rentrer à pied. Antoine comptait prendre le métro pour remonter *uptown* et économiser les 25 dollars de la course, mais Mark lève le bras pour lui arrêter un taxi. Il semble pressé de partir. Quand la voiture démarre, Antoine le regarde s'éloigner, convaincu de ne jamais le revoir.

Girl Next Door

Il fait déjà chaud quand ils achèvent leur second tour du Reservoir. Pour faire plaisir à Gabrielle, Antoine a accepté d'aller transpirer à son côté ce matin, juste après avoir déposé Chloé au Lycée français. En France, jamais elle n'aurait eu l'idée de lui proposer un jogging. Après deux tours, Gabrielle s'arrête, les mains sur les genoux et le buste penché en avant. Elle souffle, heureuse d'avoir parcouru à bonne allure et, comme il se doit, dans le sens inverse des aiguilles d'une montre cette boucle mythique du jogging international. Elle regarde Antoine, rayonnante.

— Combien, le tour ?

— Un mile cinquante-quatre précisément. On a fait 3 miles en..., dit-il en regardant sa montre. En trente-six minutes. Bon, c'est pas non plus un exploit olympique.

— Trois miles, ça fait combien en français ?

— Cinq kilomètres. À cette vitesse, on fait le marathon en plus de cinq heures.

— Vache, c'est dur de s'y remettre ! Et toi, tranquille, fumeur, le cul sur ta chaise toute la journée, tu me dépasses en souriant. C'est vraiment injuste !

— Je suis un sportif contrarié. Et ce ne sont pas mes trois cigarettes par jour qui…

— T'es surtout un mec ! C'est plus facile pour vous.

— Vous voulez l'égalité, à juste titre d'ailleurs, mais dès que ça vous arrange on redevient des hommes.

— Égaux, ça ne veut pas dire pareils. Tu saisis la nuance ?

— Il y a parfois de quoi être largué entre vos désirs de la survivance de notre virilité et cette envie bien réelle de nous coller aux fourneaux, un aspirateur à la main.

Gabrielle suspend ses étirements et le regarde, mi-agacée, mi-moqueuse. Une fine pellicule de sueur recouvre l'ourlet de sa lèvre supérieure. Antoine se reproche d'oublier trop souvent à quel point sa femme est jolie. Il fait un geste mais elle ne lui laisse pas le temps de l'embrasser.

— Attends, tu plaisantes ou quoi ? Toi, tu sous-entends que je t'enfermerais dans la cuisine ? Rappelle-moi en quelle année tu as passé l'aspirateur pour la dernière fois ? Et qui a quitté son job pour venir s'enfermer ici et permettre à la carrière de Monsieur de s'épanouir tranquillement ?

— Babs, je ne parlais pas de nous…

— À propos, tu as relancé l'avocat pour mon permis de travail ?

Il marmonne que trois mois pleins sur le sol américain sont nécessaires avant que la demande soit effective. Il s'en occupera fin novembre. Puis il se met en route, prétextant qu'il va finir par être en retard. Gabrielle marche à son côté.

— Tu sais, dit-elle, hier, en revenant du lycée, sans m'en rendre compte j'ai suivi une maman de l'école. Je ne l'ai réalisé qu'une fois devant notre entrée.

— Tu suis des gens dans la rue, toi ?

— Mes journées sont un peu solitaires, mais je ne suis quand même pas en train de devenir cinglée, répond-elle en riant. Non, ils vivent dans notre immeuble. Tu te souviens ? La fille de l'agence nous avait dit qu'il y avait une autre famille française. On a fait connaissance en attendant l'ascenseur.

Antoine n'a aucune envie d'en savoir davantage sur ces Français installés trop près d'eux à son goût. Se lier à eux provoquerait d'autres rencontres avec d'autres Français et multiplierait inéluctablement le risque d'être démasqué.

— Elle m'a invitée à boire un café.

— Mais qu'est-ce que tu es allée faire chez eux ?

— Eh bien je viens de te le dire : boire un café. Et discuter. Ça m'a fait du bien de discuter enfin avec quelqu'un.

— S'il te plaît, évite de parler avec n'importe qui dans le building. Je n'ai aucune envie d'avoir des voisins collants…

— Elle est très sympa. Et je te rappelle que mes journées sont assez longues.

— Il faudrait savoir… Je croyais que la sortie de l'école était trop tôt ?

— Tu me fatigues, là, Antoine. Oui, c'est trop tôt si je veux descendre à Tribeca ou aller à Williamsburg. Et, oui, c'est trop tôt parce que je n'ai pas vocation à rester en tête à tête avec notre fille de 15 h 20 jusqu'à ton retour. Elle n'a que 5 ans et je suis heureuse d'avoir eu enfin une conversation d'adulte pendant ma journée. Tu saisis ?

— Une conversation d'adulte avec la voisine ?

— Elle s'appelle Inès.

Antoine s'arrête brutalement et se tourne vers sa femme.

— Ne me dis pas que tu as organisé un dîner avec eux ?

— Qu'est-ce qui m'en empêche ? J'ai bien l'intention de me faire des amies et de m'occuper par la même occasion.

— Et ton projet de livre ?

— Je cherche une idée et ça ne tombe pas du ciel ! Quoi qu'il en soit, ils viennent dîner à la maison jeudi prochain.

— Ici, les gens vont plutôt au restaurant, tu sais. Les Américains ne reçoivent jamais personne à dîner.

— Tu le fais exprès ? Ils sont Français, comme nous ! Et rien ne t'empêche d'organiser une sortie au restaurant avec tes collègues. J'aimerais bien rencontrer de vrais New-Yorkais, d'ailleurs.

— On n'a pas de baby-sitter et tu vas galérer en anglais. Si je dois passer ma soirée à servir d'interprète…

— T'es dégueulasse de me dire ça ! Je commence à progresser en plus.

Gabrielle reste un instant silencieuse puis se lance. Margaux, la fille aînée d'Inès, sera ravie de venir garder Chloé ce soir. Gabrielle a réservé deux billets pour un spectacle sur Broadway et une table dans un restaurant coréen conseillé par sa nouvelle copine. Antoine ne peut s'empêcher de faire une remarque sur le coût prohibitif de ce genre de soirée.

— Tu n'imagines même pas !

— Combien ?

— C'est une surprise ! Je te rappelle que tu m'as dit en arrivant ici que l'argent n'était plus un problème.

— T'as raison, Babs, répond Antoine. Tu as bien fait.

En marchant, il additionne en silence le coût probable de cette soirée et ce que Gabrielle a dépensé la semaine dernière dans sa frénésie subite de shopping. À ce rythme, s'il ne trouve pas très vite une bonne idée, ils seront ruinés avant Noël.

Il lui sourit et s'écarte pour la laisser entrer dans l'immeuble. Elle l'embrasse en passant et lui touche les fesses avec un clin d'œil complice.

— J'avais perdu l'habitude de te voir grogner. C'est ton travail qui te tracasse ou les menaces qui pèsent sur ta masculinité ? Allez, viens, j'ai l'impression que tu as besoin de te détendre. Je dois m'assurer de… comment tu as dit, déjà ? Ah oui, de la survivance de ta virilité. Tu vas bien trouver cinq minutes avant d'aller bosser, non ?

Mindfulness

La pluie qui balaie la ville aujourd'hui a décidé Antoine à se louer un bureau dans le WeWork proche du building de Risk.AI Technologies. S'il devait croiser Gabrielle, au moins il est dans le bon quartier. Huit cents dollars par mois pour un open desk, une place non attribuée sur l'une des immenses tables en noyer de ce coworking branché. La dépense n'était pas prévue, mais le café est gratuit et Antoine peut s'asseoir pour réfléchir à son avenir. Un peu de confort ne lui fait pas de mal. Ses voisins sont de jeunes entrepreneurs désireux de changer le monde en empochant quelques millions au passage. La certitude de réussir éclaire leur visage. *Do what you want.* Le mantra de WeWork tagué sur le mur laisse Antoine songeur.

Ses recherches pour évaluer le degré de fiabilité des faux passeports américains vendus en bitcoins sur le Dark Web n'ont pas été concluantes. Assez doué avec un ordinateur, Antoine sait où dénicher ce genre d'information. Pour autant, il se refuse pour l'instant à franchir ce pas vers l'illégalité.

La perspective du dîner du soir l'angoisse. Pourvu qu'aucun des convives ne travaille dans la finance ou ne cherche des relations communes au sein des Français. C'est un exercice dont semblent raffoler les expatriés. Hors de question de picoler et de baisser la garde. En attendant, il enchaîne les épisodes de *Narcos* sur Netflix. Le trafic de drogue à grande échelle résoudrait ses problèmes financiers. Et Pablo Escobar en impose. Pas du genre à se laisser emmerder par ses voisins. Antoine se redresse sur son siège en imitant le regard fier du Colombien.

Avant de rentrer, il achète une bouteille de vin français et un bouquet de fleurs pour sa femme. Pour retarder encore son arrivée, il s'arrête chez un coiffeur de Lexington Avenue, à quelques rues de chez lui. Un barber shop à l'ancienne, dont les murs sont couverts de photos dédicacées. Le patron, tout sourire, pose bras dessus, bras dessous avec les célébrités locales. Antoine repère facilement Woody Allen, Michael Douglas et Alec Baldwin. Les autres visages ne lui disent rien. Sûrement des sportifs. Un vieux téléphone à pièces, réservé aux clients, est encore accroché face aux miroirs. Il préférerait passer la soirée dans ce décor rassurant.

Julien dirige le service marketing d'un laboratoire français soutenu par des fonds américains. L'entreprise attend l'autorisation de la Food and Drug Administration pour mettre sur le marché un patch contre les réactions allergiques aux arachides. D'après lui, des dizaines de milliers d'enfants sont concernés et les salariés de sa boîte sont à deux doigts d'empocher le gros lot. *Ouf, un job à la con !* se dit Antoine, ravi. Savoir que Julien travaille dans un univers professionnel si éloigné du sien le lui rend immédiatement sympathique. *Encore un qui s'imagine millionnaire en puissance.* Le rêve américain a de l'avenir. Quant à Inès, sa femme, elle s'occupe en tenant un site web sur la *mindfulness*, le pouvoir de la méditation et les vertus de la *superfood*. Pas de danger non plus de ce côté-là. Antoine souffle un instant avant que l'inépuisable énergie d'Inès à vouloir faciliter leur intégration ne le tétanise.

— Quand on est arrivés il y a huit ans, on était comme vous. Complètement *lost*. On ne connaissait personne et maintenant on refuse des invitations toutes les semaines. Soyez tranquilles, on va vous présenter des copains. D'ailleurs, vous avez sûrement des relations en commun. Julien, tu connais plein de Français dans la finance, non ?

Antoine se contente de proposer un autre verre de vin à ses invités avant de passer à table. Julien enchaîne :

— En tout cas, Antoine, avec plaisir pour un déjeuner. Où sont tes bureaux ?

— Invite-le plutôt à vos petits déjeuners du vendredi ! enchérit Inès. C'est plus fun qu'un lunch *midtown*.

— Super idée ! Tu vas voir, on a un rituel génial. Le vendredi, les papas déposent les enfants au lycée, puis on se retrouve au Café français, juste devant l'école. Une dizaine de types très cool. Les mamans peuvent rester au lit, et nous on se prend un café avant d'aller bosser. Viens, je te présenterai à tout le monde.

Gabrielle et Antoine sourient, puis se regardent en silence. Il sait très bien à quoi elle pense, effarée par le rôle assigné aux femmes d'expats. Personne ne fait de remarques, mais Inès a perçu la gêne de Gabrielle et précise qu'elle ne se tourne pas les pouces toute la journée. Elle espère transformer son site web en plateforme d'e-commerce, et surtout elle est très impliquée dans une association d'aide aux femmes battues.

Quant à Antoine, il coule, désormais certain que rien ne pourra le sortir du piège annoncé de cette soirée. Un petit déjeuner avec une dizaine de Français… Exactement le genre de traquenard qu'il redoutait. Il aurait dû prétexter une urgence pour annuler ce dîner. Il file aux toilettes pour reprendre son souffle avant de rejoindre les convives à table. À son retour, la conversation a glissé sur les visas, autre sujet récurrent entre expatriés. *Aucun intérêt, mais au moins pas de danger*, se dit-il avec soulagement. Intitulé, durée, difficulté à les obtenir ou à les renouveler avec l'administration Trump qui gèle les agréments. Gabrielle, que ce genre de conversation ennuie, fait diversion en évoquant les vacances de la Toussaint.

— Si vous voulez mon avis, intervient Julien, le meilleur plan en octobre c'est l'Ouest américain. Les parcs, le Grand Canyon, un road trip comme dans un western.

— Julien a raison, reprend Inès. L'Ouest, ce sont nos best vacances ever. On y est partis deux fois. J'ai adoré le Montana.

— Sûrement, répond Antoine, mais je n'ai pas de vacances à la Toussaint.

— Ne me dis pas que tu as signé un contrat avec les congés américains ? lui demande Julien.

— Je viens d'arriver. Je ne vais pas partir à l'autre bout du pays tout de suite.

— T'as mal négocié, Antoine. L'été indien dans l'Ouest, il faut vraiment le faire !

— Surtout que les Américains n'ont pas de vacances en octobre, renchérit Inès. Vous aurez les parcs pour vous tout seuls.

— On verra ça l'année prochaine, dit Gabrielle afin de venir en aide à Antoine. Pour l'instant, les vacances, ce sera en France, et pour Noël.

— Tu ne vas quand même pas rester à New York toute la semaine de la Toussaint avec Chloé dans les pattes ? lui demande Inès.

— Voilà ce que vous devriez faire, lance Julien. Vous louez une maison dans les Hamptons, et toi, Antoine, tu les retrouves le week-end. Tu peux même faire le *commute* le soir, il y a un bus avec Wi-Fi. Pas plus de deux heures de route et c'est un coin fabuleux en octobre. On adore ! Il y a des tonnes de baraques disponibles à cette période.

— Sans indiscrétion, vous faites quoi, vous ? tente Antoine en calculant le prix d'un Airbnb et d'une location de voiture.

— Costa Rica. On part là-bas dès qu'on peut. On a découvert un spot dément, au bord du Pacifique. Je surfe à fond et Inès fait du yoga à haute dose. En plus, tu manges hyper sainement.

— *Pura vida*, j'ai envie de dire, glisse Antoine dans un soupir.

— *Pura vida !* reprennent Julien et Inès, trop enthousiastes pour percevoir l'ironie d'Antoine. Tu connais le Costa Rica ?

Le dîner s'achève sur un exposé détaillé des Hamptons. Précis et zélés, leurs invités font l'inventaire des avantages et inconvénients de chaque village. Les meilleures tables, les plus belles plages, les différentes ambiances… Gabrielle prend consciencieusement des notes pour ne rien oublier. Antoine a décroché et s'égare entre East et West Hampton, Montauk ou Sag Harbor. Il rêve de descendre se griller une clope mais refuse de passer pour un ringard intoxiqué. Heureusement, même entre Français les dîners new-yorkais se terminent tôt, et il n'est pas encore 23 heures lorsque les voisins prennent congé, sans manquer de rappeler à Antoine le café du vendredi matin. Il prend l'ascenseur une minute après eux pour aller fumer.

Quand il remonte, les restes du dîner ont déjà disparu. Gabrielle finit de remplir le lave-vaisselle, ravie de sa soirée.

— Ils sont vraiment sympas ! On a de la chance d'être tombés sur eux.

— Sympas, oui… Vraiment sympas, faut pas exagérer.

— Qu'est-ce qu'il t'arrive ? Je t'ai trouvé un peu bougon.

— Pourtant j'ai fait des efforts.

— Qu'est-ce qui ne va pas ? Je te connais par cœur.

— Ta copine avec ses petits mots d'anglais dans toutes les phrases… Et ce besoin de nous mettre en contact avec tous les expatriés de la ville.

— On ne va pas vivre en vase clos pendant trois ans…

— Je ne pensais pas qu'on était venus à New York pour ça. Si tu voulais voir des Français, on en avait plein autour de nous à Paris.

— Je n'ai pas fait vœu de silence en te suivant ici. Et grâce à leurs conseils on va gagner un temps fou. Regarde cette histoire de maison dans les Hamptons, c'est une bonne idée, non ? On a les mêmes références, la même culture…

— D'où ça sort, ces réflexes communautaires ?

— Qu'est-ce qu'il y a, Antoine ? Depuis que nous sommes arrivés à New York, tu es en pleine forme, tu rigoles, tu prends des initiatives, tu m'as même acheté des fleurs ! Mais parfois j'ai la désagréable sensation que tu voudrais nous enfermer.

Antoine aimerait redescendre fumer et fuir cette conversation. Mais Gabrielle ne le lâche pas.

— Au fait, tu as vu le WhatsApp d'Olivier ? Il se demande si tu sais encore te servir d'un téléphone ! Tu es très pris, mais sois cool, donne des nouvelles aux copains. En attendant, je compte sur toi pour aller à ce petit déj vendredi, ajoute-t-elle en l'embrassant. Arrête de faire ton sauvage, mon amour.

Make America Great Again

Antoine ignore si Mark l'a rappelé par pure curiosité ou parce qu'il s'est résolu à suivre les conseils de son médecin. Peu importe, il est content que le contact soit rétabli. Ils se retrouvent devant le Chelsea Piers, à l'angle de la 22e Rue et de la Onzième Avenue. Une longue promenade piétonne longe l'Hudson River jusqu'à l'extrémité nord de Manhattan. L'équipement sportif de Mark est flambant neuf, à croire qu'il ne s'était jamais acheté une paire de Nike avant. Il est tendu et n'ose pas se mettre en route, mais Antoine le rassure : ils vont démarrer en douceur, avec un objectif facile de 4 kilomètres en trente minutes. Mark acquiesce, prend sa respiration une dernière fois puis s'élance, concentré comme un apnéiste. Antoine se colle à son rythme puis l'encourage d'un geste à accélérer la cadence. Mark court en *slow motion*, économisant chaque mouvement. Il irait plus vite en marchant. Il souffle trop fort et au bout de huit minutes, sans parvenir à parler, il s'arrête, crache et suffoque. Il est déjà couvert de sueur. Antoine le laisse récupérer en silence avant de lui proposer de continuer en marche rapide. Mark le regarde en s'épongeant le front.

— Allez, dis-moi la vérité, pourquoi tu m'as contacté ? T'as esquivé la question l'autre jour au Dutch.

— Je te l'ai dit... On ne connaît personne ici. C'était l'occasion de voir quelqu'un d'autre que ma femme.

— Et tes collègues de la start-up ? Tu ne les vois pas en dehors ?

— Quelqu'un de français, je veux dire. Et puis on était assez copains autrefois.

— C'est pas le souvenir que j'ai.

— Décidément, tu ne prends jamais de gants, toi.

— J'ai réfléchi depuis notre dîner. Je me souviens des types avec qui tu traînais à l'Ensae. J'étais déjà un peu trop gros, un peu trop libre, certainement plus intelligent que vous tous, et vous le saviez. On peut pas dire que vous ayez fait beaucoup d'efforts pour m'accueillir. C'était « ricanements et petites vacheries ».

— Tu es certain de parler de moi, là ?

— Je ne m'attendais pas à ça dans une école de haut niveau. On se serait cru dans la cour de récré. Moi je venais de province et j'ai détesté mes années à Paris.

— Moi aussi, je viens de province. Et pas franchement de la grande bourgeoisie. Alors j'imagine que pour me protéger je singeais les leaders de l'école.

— C'est bien ce que je disais, comme les gamins.

— Comme quelqu'un qui tente de se faire accepter.

— Eh bien, avec ce genre de calculs, on finit parfois par ne plus se rendre compte de rien. Et par se mentir toute sa vie. Tu n'imagines pas combien de gens dans cette ville prétendent être quelqu'un d'autre. Ils te bassinent toute la journée avec leurs succès, mais une fois seuls c'est une autre histoire.

Antoine n'aime pas la tournure que prend cette conversation. Comme si Mark avait déjà vu clair dans son jeu. Il tente donc de rebondir sur la politique.

— Comme Trump, non ? Dans le genre mensonge et storytelling où j'invente ma propre légende, il se pose là.

Mark se tourne vers la rivière, esquisse un sourire puis, bravache, regarde Antoine droit dans les yeux.

— Autant que tu le saches tout de suite : j'ai voté pour lui en 2016.

— Tu plaisantes ? Ce type est vulgaire, menteur, voleur, raciste, dangereux pour ce pays et pour la planète !

— Alors pourquoi t'es venu ici ? Fallait rester en France. Je parie mes baskets que t'as voté Macron ! Tu lui ressembles un peu, du reste.

— Je suis venu pour le boulot, tu le sais. T'as vraiment voté pour lui ?

— Allons, Antoine, ne sois pas naïf ! Trump, je le soutiens d'abord pour mes impôts, faut être honnête.

— C'est pas glorieux, mais ça je peux l'entendre.

— Attends, j'ai pas terminé. Depuis que j'ai le droit de vote ici, j'ai toujours donné ma voix aux démocrates. Je me suis même impliqué dans la première campagne d'Obama. Et puis j'ai été affreusement déçu par son second mandat. En voulant parler aux minorités, ce qui peut être louable, il a laissé tomber la grande majorité de son peuple, ce qui est destructeur. Le politiquement correct des démocrates et de leurs médias a fini par me dégoûter, le *New York Times* en tête. Hillary, ça a été la goutte d'eau, dans le genre vieille hypocrite. Je préfère encore la vulgarité de Trump. Au moins, ce type peut offrir un sursaut salutaire à ce pays.

— En attisant la haine et les peurs ?

— Tout le monde est devenu tellement convenable, tellement lisse, tellement mesuré ! Tu te fais lyncher si tu te permets de donner un avis différent de la morale dominante. Lui, il ose mettre les pieds dans le plat.

— Si tu veux mon avis, il joue avec les émotions pour dresser les gens les uns contre les autres. Il cherche le chaos pour exister.

— Tu penses comme un Français. Arrêtons de nous excuser de tout et n'importe quoi. Cessons de courber l'échine devant Greenpeace, la mondialisation ou les minorités déprimées. Chacun sa croix, Antoine. L'Amérique n'est plus là pour sauver le monde. Il va falloir s'y faire.

Antoine scrute le regard de son ami, tâchant de faire la part des choses entre provocation et conviction. Il est tenté de tout lui raconter. Après tout, que risquerait-il à se confier à ce type si éloigné de la communauté française et que Gabrielle ne connaît pas ? Mark semble assez dégagé de toute contrainte morale pour accepter son histoire sans sourciller. Et cela le soulagerait de partager ses secrets avec quelqu'un. Mais Mark ne lui laisse pas le temps de le faire.

— Désolé, je dois y aller. On reprendra cette conversation bientôt. Tu attrapes un taxi ?

— Non, je continue vers *midtown*. Je retourne au bureau au pas de course.

— Rien ne t'arrête ! On se revoit quand ?

— La semaine prochaine, Gabrielle et Chloé partent pour les Hamptons. Je serai libre comme l'air.

— Tu me présenteras ta femme un de ces jours ou tu la caches aussi ?

— Comment ça ? J'ai rien à cacher !

— C'est bon, t'affole pas. Je plaisante. Juste une blague sur les types qui font semblant.

— OK. Pas de problème.

— T'es blanc comme un linge. Tu ferais mieux de rentrer.

— Tout va bien, Mark.

— Si tu le dis… Je t'appelle d'ici quelques jours. Continuons notre entraînement, camarade. T'avais raison, bouger un peu ne me fera pas de mal, et je sens qu'on est bien partis tous les deux.

Antoine démarre en petites foulées puis accélère rapidement, poussant sur ses jambes au maximum. Il court comme un sprinteur olympique décidé à mettre au plus vite une grande distance entre lui et cette conversation. Il va au bout de ses limites puis s'écroule sur un banc, le cœur à plein régime. Mark a-t-il deviné ? Il s'est montré habile pour le faire parler, et il est malin : il a pu déjà enquêter sur Risk.AI Technologies. Antoine doit rester vigilant. Surtout avec Gabrielle. Après le dîner avec les voisins, il a eu une attitude complètement conne. Bien sûr qu'ils doivent rencontrer du monde, voir d'autres Français, se comporter comme des gens normaux. Le risque serait justement de rester trop discret, de se planquer. Elle finirait par se méfier. Il ira au petit déjeuner des papas vendredi matin, faire copain-copain et devenir membre de cette communauté. Il sera mieux caché en s'imposant dans la lumière.

Il se lève et reprend sa marche. Involontairement, il baisse le regard quand une voiture de police le croise à vive allure, gyrophare et sirène allumés en mode jeu vidéo. Pourtant, il sait n'avoir rien à craindre de ce côté-là. Les contrôles d'identité n'existent pas dans cette ville. Il a tout étudié, tout lu en détail. On peut vivre ici sans papiers pendant des années, du moment qu'on paie ses impôts en temps et en heure. Même avec Trump, il n'y a quasiment aucune expulsion. Les familles du Salvador et du Mexique qui tentent de franchir la frontière sont placées dans les centres de détention, séparées de leurs enfants puis raccompagnées chez elles à coups de pied au cul devant les caméras de Fox News. Mais, pour les gens qui ont réussi à passer, le plus dur est fait. D'ailleurs, tout le monde sait bien que ce sont eux qui font tourner ce pays. Pour ramasser des fraises en Californie comme pour assurer les services indispensables à la vie confortable des New-Yorkais. Sans eux, plus de serveurs, plus d'ouvriers, plus de colis Amazon. Il y a au bas mot 10 millions d'illégaux sur le sol américain. Alors, pour un Européen comme lui, aucun danger du moment qu'il ne cherche pas à quitter le territoire. L'urgence consiste à trouver du fric, mais comment dégoter un gros job sans visa ? Inutile de jouer sur les marchés financiers, sa mise de départ est trop maigre et le risque de tout perdre très élevé. Il n'a pas le choix. Mark est sa seule piste. Il doit se décider à lui parler.

Gabrielle vient de retrouver Inès dans le hall de l'immeuble. Sa nouvelle copine a décidé de lui faire découvrir les vertus de la *superfood* et l'emmène faire le plein dans les boutiques de Chinatown. Les deux amies s'engouffrent dans un wagon bondé de la ligne 6, où Gabrielle apprécie de pouvoir parler sans crainte d'être écoutée ou jugée. Le privilège de vivre à l'étranger. Elle raconte son étonnement quand, hier soir, Chloé lui a demandé s'ils allaient voler *private* pour rentrer en France aux vacances de Noël. Évidemment, sa fille n'avait pas la moindre idée de ce qu'elle disait. Elle répétait ce qu'elle avait entendu plus tôt dans la cour de récré, quand d'autres enfants évoquaient leurs voyages en jet privé. Inès ne semble pas surprise.

— Ici, certaines familles ont beaucoup trop d'argent, ou en tout cas en font n'importe quoi. Margaux a un copain dont les parents partent tous les week-ends entre les Bahamas et Turks et Caïques en lui laissant 1 000 dollars en cash. Seize ans à peine, t'imagines le gamin ? Il a déjà tous ses réseaux pour la came, l'alcool, et *everything else*.

Elles descendent à Canal Street. Inès connaît les bonnes adresses et guide Gabrielle d'une épicerie à l'autre en remplissant leurs sacs de produits antioxydants et végans ou immunostimulants, gluten-free *of course*, boostés en vitamines et riches en fibres. Une Chinoise sans âge, installée sur le trottoir, tente de les convaincre d'acheter l'un des énormes crabes bleus qu'elle maintient avec difficulté dans un vieux seau de peinture. La rue grouille d'une faune très différente du reste de la ville. Beaucoup d'Asiatiques, mais aussi des rockers usés, des groupes de jeunes au look improbable ou un fumeur de crack qui se balance d'avant en arrière, le doigt bloqué sur l'interphone d'un immeuble. Gabrielle s'amuse à photographier une jeune fille assise sur son tabouret, une pancarte à ses pieds indiquant n'avoir aucune compétence de thérapeute mais être douée pour écouter. Juste à côté, un rasta vêtu d'un jean vintage et juché sur un vélo électrique customisé en moto de course fredonne « Redemption Song » de Bob Marley. Son micro est relié à deux énormes enceintes sanglées à l'arrière de l'engin. Un couple de personnes âgées se dandine doucement, main dans la main.

Dans une officine installée au premier étage d'un immeuble défraîchi, mélange saugrenu de bazar tropical et d'apothicaire occulte plus ou moins licite, Inès colle dans les mains de Gabrielle un paquet de Sacha Inchi, les noix des Incas. Elle énumère la liste sans fin des vertus prodigieuses de ces fruits magiques : libérateurs de sérotonine, ils améliorent le sommeil et permettent de lutter contre le stress, le petit moral ou la chute de cheveux. Ils accélèrent aussi le développement musculaire, et leur pouvoir hydratant est sans commune mesure avec les meilleures crèmes anti-âge du marché. Ils protègent des maladies cardio-vasculaires et de certains cancers, rétablissent les performances du foie et, au passage, ajoute Inès avec un clin d'œil, ils sont un gros booster de la libido. Gabrielle dépose le paquet dans son sac avec un sourire, en gardant pour elle ses interrogations sarcastiques quant à l'extinction de la civilisation inca, pourtant armée de cette ressource sensationnelle. En France, elle se serait sûrement moquée de l'énergie de cette jeune femme trop enthousiaste.

Au retour, dans le taxi, alors qu'elles sont toutes deux chargées de sacs garnis de promesses de vie éternelle, Inès propose à Gabrielle de l'accompagner après les vacances de la Toussaint à une réunion sur les violences domestiques avec son association, Living With the Enemy. Elle, elle y va toutes les semaines.

— Tu verras, ces filles ont une existence bien différente de la nôtre. Elles ont traversé toutes sortes de drames, mais ont su garder une énergie vitale incroyable. Beaucoup de love, tu vas les adorer. Il faut les aider. J'ai des projets. Je te raconterai. J'ai besoin d'un solide coup de main.

Goodfellas

Après avoir déposé Chloé au lycée, Antoine retrouve Julien au coin de la 76e Rue et de York Avenue, devant le Café français. Il entre la boule au ventre, guidé par son voisin.

— Les gars, je vous présente Antoine. Antoine Moulière. Il vient d'arriver à New York avec sa femme et sa fille, alors soyez sympas avec lui. Damien, je compte sur toi pour ne pas la ramener tout de suite avec tes blagues cochonnes !

— Bonjour à tous, lance Antoine en essayant de paraître à l'aise.

— *Welcome*, Antoine ! répond l'un d'eux. Assieds-toi là, on va se serrer. Allez, décale-toi, Édouard, laisse-lui une place. Et, Julien, va chercher un café pour Antoine !

— Americano ou latte ? Black ou Almond Milk ?

Antoine s'installe à la grande table. Ils sont huit, tous entre 40 et 50 ans, pour la plupart en tenue de week-end : baskets New Balance, doudoune matelassée sans manches et pantalon kaki. Seuls Antoine et un autre type sont en costume. Les conversations sont régulièrement interrompues par un parent de l'école qui s'arrête pour saluer un membre du groupe. Tous semblent bien se connaître, et même les serveurs parlent français. Antoine reste sur ses gardes mais se détend un peu en croquant dans une chouquette. Les présentations passées, il tente de mémoriser les prénoms tout en répondant aux inévitables questions sur son job, leur installation et son visa. Avec talent, il navigue entre réponses évasives sur certains sujets et détails précis sur d'autres, avec le sentiment pénible de passer un entretien de recrutement. Face à l'insistance de son auditoire, il finit par lâcher le nom de Risk.AI Technologies.

Damien, petit gabarit sec et grisonnant avec un air de sale gosse facétieux, reprend une histoire démarrée avant l'arrivée d'Antoine :

— OK, alors je recommence pour Antoine. C'est une histoire vraie. Juré ! Pas la mienne, celle d'un copain. Je ne peux pas dire son nom, certains le connaissent ici, mais je vous garantis que c'est authentique. Il me l'a racontée hier soir.

Afin de pimenter ses jeux érotiques, ledit copain s'était amusé à cadenasser son sexe dans un boîtier connecté, sorte de ceinture de chasteté high-tech en plastique rigide munie d'une serrure électronique inviolable. Seule sa fiancée pouvait l'ouvrir, à l'aide d'une application installée sur son téléphone. Dépendre du bon vouloir de la jeune femme l'excitait au plus haut point.

— Donc imaginez : il est à poil sur son lit, l'imagination qui galope et son machin pris au piège dans la boîte. Sa copine ne doit plus tarder. Il lui envoie un SMS pour la prévenir et lui dire de se dépêcher.

— Quels gros malades ! rigole un grand type en costume.

Édouard, si la mémoire d'Antoine est bonne.

Toute la tablée s'esclaffe et s'interroge pour savoir qui parmi eux oserait essayer ce genre de gadget.

— Chacun fait ce qu'il veut avec son cul, reprend Damien. Bref, le mec est là, super excité, quand son portable bipe enfin. Un SMS en numéro masqué : « *Your cock is mine.* » À ce moment-là, il croit que sa nana invente un scénario encore plus corsé. Il est chaud bouillant. Puis nouveau message, cette fois accompagné d'un smiley tête de mort : quelqu'un a hacké son boîtier. Il doit payer 1 000 dollars en bitcoins pour être libéré. Là, il comprend que c'est sérieux et essaie de défaire le truc, mais impossible.

Damien raconte ensuite comment la copine a tout tenté pour débloquer la serrure à distance, sans succès. Le type a dû se résoudre à payer la rançon avec son téléphone.

— Et là, boum ! Nouveau message. Le hackeur confirme avoir reçu les bitcoins, mais il en veut plus. Le double, carrément.

— Je crois qu'il est très facile de pirater les objets connectés, ajoute Antoine pour participer à la conversation.

— Je te le confirme, répond un certain George, resté silencieux jusqu'à présent. Et ton copain, comment il s'en est sorti ?

— Attention, ça devient gore. Il a compris qu'il allait devoir lâcher une fortune. Alors il est parti chercher un tournevis.

— Arrête ! s'esclaffe Julien en posant une main sur son entrejambe. Et ensuite ?

— Ensuite, il s'est salement blessé en écartant les deux parties du boîtier. Le tournevis a ripé. Départ direct aux urgences. T'imagines la honte à l'hosto ? Moralité, ils n'ont pas baisé depuis trois semaines. Et si par mégarde il se met à bander, il se tord de douleur.

Toute la table est écroulée de rire, Antoine aussi. Il ne pensait pas avoir ce genre de conversation ce matin. Il avale une autre chouquette, beaucoup plus détendu. Julien doit partir travailler, dernier jour avant les vacances, pas de temps à perdre : il est déjà 9 heures. Antoine en profite pour se lever. Tout s'est bien passé, pas la peine de prendre le risque de s'éterniser. Mais Damien vient s'asseoir près de lui et insiste pour lui offrir un second café. Les discussions reprennent, plus doucement. Damien le regarde en souriant, puis engage la conversation.

— T'as un petit air de Macron, toi. J'aime bien ta gueule.

— Merci, répond Antoine, surpris. C'est drôle, tu es la seconde personne à me dire ça depuis mon arrivée à New York.

— J'ai eu un peu peur quand l'autre connard de Julien nous a annoncé qu'un copain à lui allait se joindre à nous. Mais je sens qu'on va bien s'entendre, tous les deux.

— Merci, répond à nouveau Antoine. J'ai adoré ton histoire de ceinture de chasteté.

— Tu pourrais me dire que j'ai une belle gueule aussi. T'es pas très poli pour un banquier.

— Je ne suis pas vraiment banquier…

— Arrête, le risque c'est pareil. Pire même ! Et, t'inquiète, je sais que je deviens vieux et moche. Mais grâce à mon pognon je m'en fous ! Tout passe, tout casse, tout lasse, il n'y a que le fric de durable dans la vie, pas vrai ?

— Il paraît…

— Allez, je vais être sympa et te faire gagner du temps. Je vais te détailler le pedigree de tous ces caïds, comme ça tu verras si t'as envie de revenir la semaine prochaine ! Parce que là, bien joué, tu es à la table des seigneurs. Tout simplement.

Antoine peine à se faire un avis tranché sur ce Damien, sorte de vaurien charmant, vénéneux et ardent. Par politesse, il sourit d'un air entendu à cette histoire de seigneurs.

— Attends, c'est pas une *joke*. T'es entouré de tous les seigneurs de New York. Les plus grosses réussites de la communauté française. Chacun est souverain en son fief. Vas-y, je te fais les CV, mais discrètement. Ne prends pas de notes, essaie de te souvenir, c'est important pour ton avenir.

Damien lui fait signe de se rapprocher puis se penche vers lui, un peu trop près au goût d'Antoine, mal à l'aise avec les incursions dans son périmètre privé.

— Le gros, devant toi, avec son pull de clodo, c'est Emmanuel. Du lourd. Marchand d'art contemporain. Très belle réussite. Il connaît personnellement les 100 personnes les plus riches du monde. Il leur a vendu un tableau à toutes. Des Rothko, des Hockney ou des Warhol. Incontournable, cultivé, passionnant. À sa gauche, c'est George, sans *s*. Son père est américain. Du très lourd lui aussi. Monstre de la tech, parfait mélange de prestige et de talent. Quand il étudiait à Stanford, il partageait sa chambre avec Elon Musk. Il a investi quelques dollars dans ses premières boîtes, puis dans toutes les suivantes. Toutes, tu m'entends ? Paypal, Tesla, Space X. Avec ça, il s'est fait plusieurs centaines de millions. Et aujourd'hui il est à la tête du plus gros fonds dans la tech *sustainable*, très impliqué sur le climat. Il connaît tout. Les start-up, les venture capitalists qui détiennent les meilleurs fonds d'investissement, les bons deals, les mecs qui comptent dans la Valley. Ce type a un computer à la place du cerveau. Il ne parle pas beaucoup, mais, crois-moi, tu peux avoir confiance. Il connaît sûrement les fondateurs de ta start-up, d'ailleurs.

— *Good to know*, dit Antoine, qui n'en mène pas large et tente de paraître décontracté. En face ?

— Gaspard, le cousin de Julien. Le mec le plus relax que tu pourras rencontrer à New York. À part moi, bien sûr ! Il a bien vendu sa boîte il y a des années. Il ne pèse pas lourd comme les deux autres, mais quand même… Depuis, il a monté Frenchies, un lieu pour les Français, un espace de coworking assez sympa. Il met les gens en contact, les aide à développer leur business. Un type adorable. Marathonien, en plus. T'as vu son physique ? Je n'ai jamais entendu quelqu'un dire du mal de lui. Ici, c'est plutôt rare. Pas comme son voisin de droite. Édouard. Vieille noblesse française, ancien avocat, toujours tiré à quatre épingles comme un vieux gangster. Il a monté un gros business immobilier, au début pour filer un coup de main à des copains français qui s'installaient aux US. Puis il a vite pigé les meilleures techniques de vente des Ricains. Maintenant, il poste des photos de lui sur Instagram, en costard, au milieu d'appartements à plusieurs millions de dollars. Et ça marche ! Regarde ses chaussettes, il les achète chez le fournisseur du Vatican, comme Balladur.

— La classe à Dallas.

— Dallas fin de race, si tu veux mon avis. Genre vieille France un peu rance, notre Édouard. Mais, au moins, il sourit tout le temps.

— Bon, et toi alors ?

— Attends, il reste encore les meilleurs. Tu vas te marrer ! Benji. Blagueur, fumeur comme on n'en connaît plus, spécialiste ès grands crus classés, et plus gros poil dans la main que tu puisses imaginer. Il est marié à une Américaine richissime, fondatrice d'une marque de mode qui cartonne, et s'occupe en aménageant les maisons qu'elle achète un peu partout sur la planète. Un peu partout sauf en France. Il n'y mettra plus jamais les pieds.

— Il a le fisc aux trousses ?

Damien pose la main sur le bras d'Antoine et se rapproche encore, lui parlant cette fois à voix basse.

— Rien à voir, il est juif et s'estime en danger. Du genre à dégainer des chiffres à la pelle sur l'antisémitisme et la France qui bascule vers une république enturbannée.

— Un certain goût pour la catastrophe, non ?

— Tu verras, il n'est pas le seul à penser ça dans la communauté française. Tiens-toi à distance du sujet si tu veux la paix.

— Compris… Et le dernier, avec sa coupe de cheveux des années 1950 ? Lui, on dirait un curé.

— *Kinda.* Catho de droite en tout cas. Voilà, tu te détends, j'aime ça. Tu commences vraiment à me plaire. Il s'appelle Stanislas. Le seul véritable expatrié. À part toi et Julien, bien sûr. Tous les autres, on est installés, nuance. On paie nous-mêmes nos baraques et l'école des enfants. Lui est expat depuis sa sortie d'HEC. Genre seconde nature. Tokyo, Singapour, Londres et tout le *bullshit.* Bonne famille, habitué à se faire servir. Pour se rattraper, le dimanche, il distribue de la bouffe aux *homeless* dans East Village. Du coup, tout le monde l'admire et ça le fait bander. Mais, méfie-toi : je te garantis que c'est un faux gentil.

— Il fait quoi ?

— CEO. Chief executive officer pour les US dans une banque européenne. J'ai oublié laquelle…

— Joli tour de table ! Je ne suis pas certain de vouloir les connaître de près, mais merci quand même.

— *Make no mistake about it*, je les adore. Ce sont tous mes meilleurs potes, à part ton tocard de Julien.

— C'est pas mon Julien, on a dîné une fois ensemble et il m'a invité aujourd'hui. Je le connais à peine.

— Pas besoin de te justifier. Ne te justifie jamais d'ailleurs. Et ne t'excuse pas non plus. J'ai remarqué ça chez toi, *American boy* ! Assume tout, tes défauts, tes faiblesses, n'hésite pas et trace ta route. C'est ça aussi un seigneur ! New York est le plus bel endroit du monde, mais pour y réussir tu dois rester sûr de toi. Après… *Sky is the limit.*

— Bon, et toi alors ? Tu ne m'as encore rien dit.

— Regarde sur Wikipédia. Non, je déconne ! Bon, je te la fais courte. Je suis arrivé ici il y a plus de vingt ans. J'ai monté un premier restaurant, puis un salad bar, qui est vite devenu un réseau de franchise. Gros succès. Vingt minutes de queue tous les midis devant chaque resto. Tout à emporter. Petits locaux, grosses marges. 2010, introduction en Bourse, et quatre ans après revente de mes parts. Depuis, je gère mon pognon que j'investis à l'instinct dans les projets des copains en buvant de la tequila avec eux.

— Bien joué !

— J'ai eu beaucoup de chance et maintenant je profite. Je vais bientôt fêter mes 50 ans et mon divorce, je ne me suis jamais senti aussi jeune ! Je vais organiser un truc monstrueux, la soirée de l'année. Jay-Z sera là. C'est un pote. J'ai ma place réservée à sa table de poker. Tiens, à propos, j'ai deux billets pour aller voir Madonna en concert ce soir, dans un théâtre de Brooklyn. Et en dernière minute j'ai un dîner auquel je ne peux pas dire non, même pour Madonna. Passe-moi ton numéro, *American boy,* je t'envoie les places. Vas-y avec ta femme, vous allez kiffer. Cadeau de bienvenue !

www.lesmouliere-a-newyork.com
Post #5 – mardi 15 octobre 2019

Hi everyone,
Je vous écris ce matin depuis la terrasse d'une petite maison en bois que nous avons louée dans les Hamptons pour les vacances de la Toussaint. Oui, Chloé est déjà en vacances ! Antoine est venu passer le week-end avec nous, il m'a laissé la voiture de location et a pris le bus pour rentrer à New York. Nous profitons toutes les deux d'un temps de rêve et de promenades entre forêt et bord de mer.
Comment vous décrire Southampton, notre refuge pour la semaine ? Imaginez un village très chic, très propre, ambiance Ralph Lauren, Range Rover blancs et labradors à collier Gucci. Une immense plage, de plusieurs dizaines de kilomètres, le long de laquelle les villages se suivent et se ressemblent et où les vélos et planches de surf sont laissés sans surveil-

lance ni cadenas contre les rambardes en bois. Les voitures aussi restent ouvertes. Moi qui suis toujours si méfiante... Demain nous partons en expédition à Montauk, tout au bout de Long Island.

Grande nouvelle, je profite de cette semaine loin de New York pour commencer l'écriture d'un roman. Mon grand roman américain. Voilà, c'est dit. Je me lance, plus moyen de reculer maintenant ;-)

Et merde ! Gabrielle referme son ordinateur d'un coup sec, incapable de continuer à écrire. Elle voulait raconter le concert de Madonna. Puis parler de ce petit café charmant qu'elle vient de découvrir à East Hampton. Sans oublier la grosse Chevrolet tellement américaine louée pour la semaine. Elle n'a plus la force. Elle reprendra son post après son retour à New York. Ras le bol de s'extasier à chaque ligne.

Avant d'aller se coucher, elle rouvre son ordinateur et lance une recherche sur Google. La veille des vacances, en attendant Chloé à la sortie de l'école, elle a entendu deux mamans évoquer un drame survenu quelques années plus tôt. À quelques rues de chez eux, une Française s'est jetée d'un balcon au 40e étage d'une tour. Une mère disait l'avoir bien connue. Les enfants étaient scolarisés au Lycée français à l'époque. Une famille d'expatriés, comme eux. Effrayée, Gabrielle a préféré s'éloigner de quelques mètres afin de ne plus les entendre.

Les articles, tous les mêmes, racoleurs et nauséabonds, brassent du vide, évoquant une dépression pour expliquer ce geste – *Sans blague,* s'agace Gabrielle –, citent le mari et une voisine, unique témoin de la chute. Elle frissonne. Il est temps d'aller dormir.

En cherchant le sommeil, elle pense à cette femme. Sans rien connaître de son histoire, elle imagine ses longues heures solitaires, l'injonction sociale quotidienne à devoir sourire, dire bonjour, sourire encore, rentrer avec les enfants, tenir la maison, attendre le retour du conjoint, une vie de travail gratuit et de sentiment de dépendance, parfois de médiocrité, vis-à-vis de celui qui gagne l'argent et brille assez pour qu'une entreprise ait décidé un jour de l'envoyer à New York. Et la femme qui attend, s'occupe comme elle peut, tente d'exister mais dépérit lentement. Gabrielle se jure de ne jamais en arriver là. Ses larmes, l'autre matin, ont été un avertissement. Elle doit s'inventer une vie, un rôle, une mission. Ouvrir une librairie française, faire des passes, créer un orphelinat, se faire embaucher à l'ONU… Peu importe, mais elle doit se bouger le cul.

Poker Face

Antoine a cinq jours devant lui. Pour la première fois depuis leur arrivée, il n'est pas obligé de quitter son domicile dès 8 heures du matin ni d'errer dans les rues en attendant un moment crédible pour son retour. Il va profiter de cette liberté provisoire pour s'enfermer toute la semaine dans l'appartement et revoir ses films préférés sur New York. Antoine a toujours été un fou de cinéma, et comme il est ambitieux, il estime pouvoir regarder cinq films par jour, se préservant le temps de dormir et d'appeler chaque matin sa femme et sa fille en FaceTime, rasé de près.

Les deux heures de trajet dans le bus qui l'a ramené de Southampton à Manhattan ont été mises à profit pour peaufiner son programme : Antoine a tout planifié dans un tableau Excel. Une colonne par jour, et la durée des films en regard des titres. Afin de simplifier ses choix, il s'est fixé deux règles claires : commencer chaque matin par un Woody Allen et terminer chaque soir par un Martin Scorsese. Pour les autres films, interdiction de choisir deux fois le même réalisateur, à l'exception du *Parrain* 1 et 2, qu'il ne peut envisager de voir séparément.

Lundi : *Manhattan*, *Le Parrain* 1 et 2, *New York 1997* et *After Hours.*
Mardi : *Annie Hall*, *Serpico*, *Do the Right Thing*, *Il était une fois en Amérique* et *Gangs of New York.*
Mercredi : *Hannah et ses sœurs*, *La nuit nous appartient*, *Rosemary's Baby*, *Bad Lieutenant* et *Taxi Driver.*
Jeudi : *Crimes et délits*, *L'Impasse*, *American Psycho*, *L'Année du dragon* et *À tombeau ouvert.*
Vendredi : *Meurtres mystérieux à Manhattan*, *Smoke*, *Quand Harry rencontre Sally*, *Two Days in New York* et *Le Loup de Wall Street.*

Il a tenté de concevoir un programme équilibré entre drame et comédie, mais en se relisant il doit reconnaître que la tragédie l'emporte sur la légèreté. Pas mal de violence, de drogue et d'âmes perdues en quête de rédemption. Le vendredi est consacré à des titres plus joyeux, histoire de ne pas arriver le moral plombé dans les Hamptons. Côté timing, cette dernière journée s'annonce serrée. Son bus, le Jitney, part de *midtown* à 18 heures. Avant, Antoine devra préparer son sac pour le week-end, remettre de l'ordre dans la maison, se laver, s'habiller correctement. La projection du dernier film devra sûrement attendre le bus. Il aurait aimé avoir dix jours devant lui pour allonger sa liste. Ç'aurait été l'occasion de revoir *Greencard* pour comprendre comment Depardieu se dépatouillait avec les services d'immigration, mais il n'a pas un bon souvenir de ce film, or cette semaine il a décidé de se faire plaisir.

Seule sortie au programme : sa séance de jogging hebdomadaire avec Mark. Pas question de laisser transparaître la moindre anormalité. Il se couchera plus tard ce soir-là et en profitera pour aérer l'appartement et descendre les poubelles. Il a aussi prévu de se faire livrer à dîner. Par souci d'économie, il se préparera lui-même un plat de pâtes tous les midis. Comme les sportifs.

Avant d'entamer son marathon, Antoine s'arrête au 7-Eleven en bas de chez lui et s'achète trois paquets de cigarettes, plusieurs packs de bière, des tablettes de chocolat et une dizaine de canettes de Red Bull. Pas question de s'endormir devant sa télé.

La semaine démarre bien. Il tient le rythme, et comme toujours respecte à la lettre son programme. Il adore traîner en caleçon et tee-shirt, se vautrer sur le canapé une clope aux lèvres. Il se contente d'enfiler une chemise pour appeler sa femme, en se plaçant dos à un mur blanc et anonyme, parfait pour simuler un bureau.

Un texto, le jeudi en fin d'après-midi, vient bousculer son organisation et sa solitude.

Hi, American boy. Poker tonight ? Il reste une place. Downtown 23 heures. Grosse expérience new-yorkaise. Are you in ? Damien.

Comme beaucoup de banquiers, le poker est un jeu qu'apprécie Antoine. Il a disputé quelques parties avec des amis parisiens et tenté une fois un tournoi en ligne. Rien de spectaculaire mais il sait jouer, maîtrise les risques et ses nouveaux talents de menteur pourront lui être utiles. En outre, il adore l'idée de sortir à l'heure où tout le monde se couche. Lui, il pourrait traverser la ville pour rejoindre Damien et ses acolytes.

Son téléphone en main, il tergiverse, réfléchit, tape, efface, recommence. Mark l'a mis en garde contre ce Damien qu'il avait croisé autrefois. Le parfait profil du pervers narcissique, qui adore constituer autour de lui une cour d'admirateurs et refuse de voir les gens lui échapper. « Intimidations, humiliations diverses, et j'en passe. Méfie-toi, il aime jeter son dévolu sur les nouveaux arrivants. Quand il te tient, difficile de lui échapper. » Il lui a aussi raconté une anecdote au sujet d'un Français qui travaillait pour Damien, que ce dernier a contraint à porter pendant toute une semaine un tee-shirt où il était écrit en lettres capitales *EAT PUSSY, IT'S ORGANIC.* Le gars avait fait une bourde et c'était la condition sine qua non pour garder son job. Antoine n'est pas naïf, il perçoit le manipulateur de haut vol derrière le charme et l'aplomb, mais il a aussi l'intuition que ce type pourrait devenir un bien meilleur marchepied vers ses succès américains que ce solitaire de Mark. Enfin, Antoine a très envie de le prendre à son propre jeu.

Bien sûr ! Compte sur moi.
Tu m'en dis plus ?

La réponse de Damien ne se fait pas attendre.

Petite partie. Nickel pour démarrer. 50/100 $ - buy-in max 100. Te tiens au jus pour l'adresse.

Antoine a suffisamment d'expérience pour savoir que la partie va être un classique Texas Hold'em à coups de 100 dollars la mise ; il doit arriver avec 10 000 dollars en poche pour gagner le droit de s'asseoir à la table de jeu. Vu le bonhomme, il s'attendait à des sommes plus vertigineuses. Il se contente d'un pouce relevé en signe d'approbation. Au pire, il perd 10 000. Au mieux, il remporte la partie et rentre chez lui avec 50 000 jolis dollars, de quoi tenir tranquille jusqu'à l'été. La trouille lui a toujours donné des ailes.

Jay-Z n'était pas là hier soir, et d'après Damien c'est justement sa place qu'a occupée Antoine. Ils se sont retrouvés dans un immense loft de Tribeca, au-dessus du restaurant Odeon, comme dans les romans de Jay McInerney. Ils étaient six à la table, les deux Français et quatre Américains. Trois Blancs et trois Noirs, tous dans la musique ou la production télévisuelle, à divers degrés de réussite. Au fil de la conversation, Antoine a compris que l'un d'eux, acteur dans une série à succès d'HBO, était en passe de devenir une célébrité. Entre deux tours, Damien s'absentait à intervalles réguliers, probablement pour aller sniffer de quoi rester concentré. Cela ne lui a pas porté chance : il a été le premier à sortir de la partie.

Ils n'étaient plus que deux à jouer quand Antoine a tout perdu sur un coup de bluff. Pendant quelques minutes, il a vraiment cru sa victoire possible. Ses deux paires couronnées auraient pu se transformer en Full si un roi ou une dame avaient daigné sortir. Avec un brelan et une paire, il devenait imbattable. Mais rien. Alors, sans se démonter, il a relancé la mise, et l'acteur a suivi, impavide. Antoine n'avait plus d'autre choix que pousser tous ses jetons sur le tapis pour demeurer crédible. All-in et Poker Face. Il n'a pas tremblé, mais son adversaire a maîtrisé la partie de bout en bout. Une parfaite lecture du jeu et une jolie quinte, bien supérieure à sa double paire à lui. Rien à ajouter. La partie était bouclée juste avant le lever du jour. Les autres joueurs l'ont pris dans les bras à tour de rôle pour le féliciter. Finir second avec ce genre de calibre à la table c'est remarquable, surtout pour une première fois à New York. « Il y aura toujours une place pour toi ici, Bro. Semaine prochaine, même heure, même endroit, et avec un zéro de plus sur la mise. » Damien l'a embrassé comme un frère. « Je voulais voir si t'étais un mec sérieux. Là, tu m'as bluffé, *American boy*. Je t'appelle vite. On va se revoir. »

Son taxi file sur la FDR vers *uptown*. De l'autre côté de l'East River, un soleil rouge monte à travers les buildings de Brooklyn. Ce soir, il doit partir rejoindre sa femme et sa fille. Comment réagirait Gabrielle si elle apprenait qu'il a perdu 10 000 dollars au poker ? Il s'en veut d'avoir raté cette main qui l'a couché brutalement, mais pas un seul instant d'être venu. Une voix intérieure lui dit qu'il a avancé de trois cases cette nuit. Damien ne le lâchera plus et Antoine est certain qu'un jour ce type pourra l'aider.

Dry Cleaning

Depuis lundi, Antoine passe plusieurs heures par jour assis au soleil sur les marches d'une splendide *town-house* en brique rouge, tout au bout de Perry Street. Un panneau indique que la maison est à vendre et en tapant l'adresse sur streeteasy.com il apprend qu'elle est déjà sur le marché depuis quarante-deux jours. Neuf millions de dollars, hors frais. Une transaction serait déjà signée si elle était mieux située, au centre de la frénésie de West Village. Cela se joue à peu de chose, quelques dizaines de mètres, le bon carrefour, une ou deux boutiques en vue. Ici, l'effervescence semble lointaine, précisément ce que recherche Antoine pour réfléchir sans croiser un visage connu.

Quand il les a rejointes dans les Hamptons, Gabrielle, sans doute embarrassée après cette semaine oisive à la mer, l'attendait avec une surprise destinée à atténuer sa culpabilité. Fière de son achat, elle l'a aidé à déballer une imposante trottinette électrique, en expliquant avec agitation qu'il allait gagner vingt minutes chaque jour et s'éviter la corvée du métro matin et soir. Le vendeur lui a garanti que la puissante batterie de l'engin permettait de parcourir la ville dans les deux sens, à pleine vitesse et en toute sécurité grâce à un frein hydraulique particulièrement efficace. Connaissant sa prudence, elle a aussi acheté un casque de compétition, noir avec des clignotants rouges à l'arrière. Il s'est gentiment extasié devant l'appareil, tout en se demandant ce qu'il allait pouvoir foutre toute la journée de cette fichue trottinette qui allait forcément tomber en rade avant midi. Ce genre de jouet n'est pas conçu pour assurer des heures de balade dans le Queens ! Ni très adapté à ses filatures furtives. Encore un bon paquet de dollars foutu en l'air…

Depuis, pour éviter de vider trop rapidement la batterie et de devoir pousser péniblement sa machine à travers les rues, Antoine descend d'une traite *downtown* et vient s'asseoir sur ce petit escalier, laissant la journée s'écouler doucement tant qu'il fait encore beau. Au fond, elle n'est pas si malvenue, cette trottinette : une immobilité imposée oblige Antoine à prendre le temps de réfléchir. Voilà déjà deux mois qu'ils sont arrivés. Trop de temps perdu. Il doit monter au plus vite le coup de génie qui leur permettra de se renflouer. En quête d'inspiration, il a écouté tous les épisodes d'un podcast dédié à des portraits d'entrepreneurs à succès. Il a été marqué par l'histoire de ce jeune type du Bronx qui a fait fortune avec des *vending machines*, de simples distributeurs automatiques de boissons ou de snacks. Depuis, Antoine a tout étudié en détail. Le coût de location de la machine n'est pas excessif et les marges sur les produits vendus sont élevées. D'après ses recherches, il n'a aucun papier particulier à fournir. Ni permis de travail ni visa. La plus-value mensuelle tourne autour de 5 000 dollars.

Il suffit de payer un loyer pour un bon emplacement, et avec trois ou quatre machines bien situées il devrait gagner de quoi s'en sortir. Mais il pourrait aussi profiter de sa rencontre avec Damien pour discuter d'un projet plus ambitieux. Une idée de place de marché de crédit entre particuliers lui trotte dans la tête depuis plusieurs jours. La banque, toujours.

Perdu dans ses pensées, il ne remarque pas tout de suite le type asiatique, chinois probablement, qui s'approche de lui en souriant. D'un signe de tête, l'homme lui demande s'il peut s'asseoir, puis très vite lui taxe une cigarette et entame une conversation surprenante.

— Ça ne me regarde pas, mais je dois quand même vous poser une question qui me taraude depuis un moment.

— Je vous écoute, répond Antoine, surpris.

— Comment avez-vous fait pour devenir riche aussi jeune ?

— Qu'est-ce qui vous fait croire ça ?

— Je travaille en face et je vous observe depuis plusieurs jours. Vous arrivez chaque matin vers 9 heures, vous allez vous chercher un café, puis vous restez là sans rien faire, au soleil. Les gens comme vous, ça n'existe pas.

— Détrompez-vous, je dois absolument gagner de l'argent. Vite et beaucoup. Si je reste assis sur cet escalier, c'est justement pour réfléchir au meilleur moyen d'en trouver.

— Pour devenir riche, il faut se bouger. Pas rester assis. Rien ne tombe du ciel. Vous voulez vraiment gagner de l'argent ?

— C'est impératif. Et assez urgent.

— Moi, j'ai du boulot si vous voulez.

— C'est-à-dire ?

— Je suis le propriétaire du pressing, là, juste en face. Je cherche quelqu'un pour remplacer mon livreur. Les clients appellent pour qu'on vienne récupérer leur linge chez eux et qu'on le ramène une fois propre.

— Ils ne vous l'apportent pas eux-mêmes ?

— *Free pick-up and delivery.* Ça fait partie du service.

— Livreur de linge ?

— Exactement. Je cherche mon nouveau livreur.

— Dans le quartier ?

— Oui, tout se fait à pied.

— Combien ?

— Dix dollars de l'heure, et on partage les pourboires.

— Je croyais que le salaire minimum était passé à 15 dollars ?

— Ici, c'est 10. Aucune question et en liquide. Vous pouvez tabler sur 40 dollars de plus par jour avec les pourboires.

Antoine le regarde pendant de longues secondes. Il devra travailler 16 semaines pour compenser sa partie de poker. Quatre mois. C'est absurde, mais il se refuse à mettre dans la balance ce salaire inattendu et ses dépenses mensuelles. Un tonneau des Danaïdes. Il est bien décidé à écouter tous les signes positifs du destin et le temps commençait à lui paraître long. N'est pas Jean-Claude Romand qui veut. Il sourit à son nouveau patron.

— Vous voyez, ça existe, l'argent qui tombe du ciel ! Jamais je n'aurais pensé trouver un job aujourd'hui !

— Il va falloir vous remuer. C'est même assez dur, croyez-moi. Alors, marché conclu ?

— *We have a deal !* Mais à une condition : je ne travaille pas le week-end.

— C'est vous qui voyez. Mais vous allez gagner moins.

— Je commence quand ?

— Maintenant ? J'ai des livraisons qui attendent. Attention, interdit de fumer, ça laisse des odeurs sur les vêtements. Pas de tache, sinon je dois relaver, à vos frais.

L'homme serre la main d'Antoine et lui tend un billet de 1 dollar pour rembourser la cigarette qu'il vient de lui taxer.

— Pas de dettes avec mes employés, ajoute-t-il en souriant.

Puis il se présente : Shun. Et enfin il précise qu'Antoine devra arriver le matin avant 8 heures et sera payé chaque semaine, le vendredi soir.

Avant d'entrer dans la salle qui héberge les réunions de son association, Inès se tourne vers Gabrielle.

— J'ai oublié de te prévenir, on démarre toujours par un tour de table pour nous présenter. Donc ne t'étonne pas si on te demande comment tu souhaites être appelée.

— Il faut choisir un pseudo ?

— Non, juste le pronom pour parler de toi. Tu peux garder *she* ou revendiquer la neutralité du *they*. Ou même *he* si ça te chante. Mais, entre nous, des femmes battues qui choisissent une orientation masculine je n'en ai pas encore rencontré !

Gabrielle est soudain prise d'un doute. Elle imagine une assemblée recueillie et installée en cercle où chacun se présente au groupe comme chez les Alcooliques anonymes dans les séries américaines. A-t-elle vraiment envie de ce genre de simagrée ? Elle retient Inès par le bras pour une dernière question.

— Je ne vais quand même pas débarquer en racontant que je suis une femme entretenue par son mari ? Elles vont me rire au nez, tes copines. Ou me foutre à la porte.

— Personne ne va te juger. Si ça te rassure, tu peux dire que tu es une romancière française. Ça claque ! D'ailleurs, il avance ton bouquin ?

Avant d'attendre la réponse de Gabrielle, Inès pousse la porte avec vigueur et ajoute à voix basse qu'il n'y a aucun risque, aucun engagement. Si cela ne lui plaît pas, elle ne reviendra pas, c'est tout.

— Au moins, ici, tu vas vite améliorer ton anglais !

En sortant, Gabrielle remercie chaleureusement Inès. Bien sûr, elle va revenir la semaine prochaine. Et les suivantes. En son for intérieur, elle bouillonne, beaucoup plus excitée qu'elle ne le laisse paraître. Dès le début de la réunion, elle a compris qu'elle allait trouver chez ces femmes la force qui lui manquait. Ces témoignages effrayants vont la nourrir, l'alimenter. Elle le sent. C'est une évidence. Quelle formidable source d'inspiration ce sera pour son roman ! Elle va gagner du temps tout en se rendant utile. Que rêver de mieux ?

Le boulot est plus éprouvant qu'il ne l'imaginait. Antoine n'a pas l'habitude du travail physique. Il doit couvrir une quinzaine de blocs dans tous les sens, quelques maisons et des immeubles bas, en général sans ascenseur. Le chariot sur lequel sont accrochés les vêtements lui a déjà donné des ampoules, ses pieds le font souffrir et un mal de dos naissant menace de ralentir ses tournées. Il se mélange les pinceaux entre les différentes adresses, se trompe sur les horaires de livraison griffonnés sur son bordereau et se fait régulièrement engueuler par son nouveau patron pour ses retards ou ses erreurs. Tout ça pour une poignée de dollars. Bref, les sujets d'agacement ne manquent pas, mais au moins il rentre le soir épuisé pour de bonnes raisons.

En revanche, ses clients sont toujours sympathiques, ravis de voir débarquer chez eux ce type en costume impeccable, aussi blanc et propre que le linge qu'il rapporte. Son anglais parfait, teinté d'un léger accent français, est tellement plus chic que celui des livreurs habituels, chinois ou mexicains, qui peinent à baragouiner trois mots incompréhensibles pour un New-Yorkais impatient. Quelle aubaine que le pressing du quartier soit ainsi monté en gamme ! Tous lui pardonnent ses maladresses et le gratifient de généreux pourboires. Au bout de quelques jours, Antoine croise dans la rue le visage souriant de clients qui le reconnaissent ; ils ont toujours un mot gentil. Et le voici salué amicalement par les gars de FedEx ou d'Amazon, et les *dogwalkers* du Village. Sans l'avoir cherché, il commence à appartenir à une communauté.

www.lesmouliere-a-newyork.com
Post #7 - mercredi 30 octobre 2019

Hi everyone,
Pardonnez-moi, je ne vous ai pas écrit depuis longtemps. Ça pourra vous sembler fou, mais j'ai l'impression d'avoir un *full-time job* ici. Allez, je vous entends déjà : la théorie de la noyade dans un verre d'eau. On est vite débordé quand on n'a rien à faire. Je sais…
J'ai déjà rencontré pas mal d'expats françaises, souvent des femmes au foyer. Trop de confort, trop de temps pour soi, trop de leggings et de yoga. Elles tournent en rond, débordées par le vide, et se plaignent d'un rien à l'abri de tout. J'appartiens à cette clique, pas la peine de se mentir. Alors j'ai pris les choses en main. Mon amie Inès m'a proposé de l'accompagner à la réunion d'un groupe d'aide à des femmes battues, notamment dans le cadre de violences domestiques. L'association

s'appelle Living With the Enemy. On ne peut pas faire plus direct. J'ai un peu renâclé au début, mais elle a eu raison d'insister : j'y suis déjà retournée. C'est bouleversant de les écouter.
Il y a toujours trois ou quatre volontaires pour animer le groupe en aidant les filles à verbaliser ce qui leur arrive. Outre ces réunions, les gens de l'association sont très actifs. Ils aident les victimes à déposer plainte, à trouver des logements provisoires, leur fournissent un peu d'argent, un soutien psychologique, médical ou juridique. Ils sont très forts. Inès a proposé de monter une opération pour récolter une somme auprès de la communauté des expatriés. Le dossier a déjà bien avancé, mais elle a besoin d'un coup de main. J'ai l'intention de me rendre utile, et je ne sais pas encore comment…
Pour l'instant, je les écoute en silence. J'essaie de comprendre ce que disent ces femmes, je rame encore avec l'anglais. Entre nous, je n'ai pas besoin de maîtriser les subtilités de la langue pour sentir quels drames elles ont vécus. Franchement, j'admire leur courage.
Rien à voir, mais demain c'est notre premier Halloween. Chloé est super excitée à l'idée d'aller à l'école en zombie ! Les Américains ne prennent pas Halloween à la légère. J'ai vu des ouvriers en équilibre sur des grues pour

installer des toiles d'araignées géantes sur les façades des maisons. Certaines familles commandent jusqu'à 200 kilos de bonbons pour faire face à une demande délirante ! Halloween, c'est le marqueur du début de l'hiver. Et qui dit hiver dit Noël, et qui dit Noël dit la France ! On va bientôt réserver nos billets pour venir vous retrouver. Marre des hugs à l'américaine, on veut de vrais bisous, des gros !

Je vous embrasse tous,

Gabrielle,
+ Antoine et Chloé

Halloween

Gabrielle s'est levée très tôt pour boire son café avec Antoine dans la cuisine. Il fait encore nuit dans l'appartement silencieux.

— 17 heures ? C'est compliqué de prendre mon après-midi pour aller chercher des bonbons…

— Antoine, c'est Halloween ! Chloé est super excitée, tu la connais. Tout le monde en parle à l'école. Elle veut que nous soyons ensemble. Elle t'a même choisi un masque effrayant ! Elle te fera la surprise tout à l'heure.

— Pas moyen de décaler un peu ?

— Tu veux décaler Halloween ?

— Pas Halloween, je ne suis pas fou… mais on pourrait y aller plus tard. Sortir juste avant le dîner et manger en famille dans le quartier. Ça lui ferait plaisir aussi.

— Elle veut se déguiser, frapper aux portes des maisons et se gaver de bonbons comme tous les autres enfants de ce pays ! Un dîner au resto avec ses parents, ce n'est pas vraiment dans son programme. J'ai vérifié auprès des mamans, le *trick-or-treat* c'est de 5 à 7. Après, il y a la parade et des fêtes organisées partout, mais pas pour les enfants. On retrouve Inès à 17 heures en bas de l'immeuble.

— Pourquoi Inès ?

— Elle nous guidera dans les meilleures rues du quartier.

— Je vais essayer de m'arranger. Comme toujours…

— On ne peut pas dire que tu t'arranges beaucoup… Tu files tous les matins avant que Chloé se réveille et tu ne rentres que pour le dîner.

— Babs, tu sais bien que je n'ai pas vraiment le choix.

— Aujourd'hui, je compte sur toi pour être à l'heure.

Gabrielle l'embrasse sur le pas de la porte, puis ajoute avec un clin d'œil amusé qu'elle espère vraiment que la finance mondiale survivra à son départ anticipé du soir.

Bien sûr, il sera à l'heure. Il déteste décevoir sa fille. Mais ça tombe mal, il bosse puis il a rendez-vous avec Mark pour leur séance hebdomadaire de jogging. Pourvu que Shun se montre compréhensif ! La semaine dernière, il a senti que le type était à deux doigts de le virer. Un trou dans la chaussée avait fait basculer son chariot et tous les vêtements impeccablement propres s'étaient retrouvés par terre. Retour à la case départ. Lavage et repassage. À ses frais. Aujourd'hui, il va devoir mettre les bouchées doubles pour terminer ses livraisons avant 15 heures.

Après avoir accompagné à l'école Chloé déguisée en zombie sanguinolent, Gabrielle retrouve Inès pour un thé matinal. Survoltée, cette dernière lui raconte une séance de sound bath à laquelle ils ont participé le week-end avec Julien. Une expérience sensorielle inouïe, organisée par un drôle de couple dans le Lower East Side.

— Le type est un géant, un Suédois ou un Danois genre viking. Très viril, très beau. La fille est une Japonaise incroyablement sexy. Je vais te montrer leur Instagram, tu vas voir ! *Very hot.* Ils ont des bols tibétains qui produisent des sons planants. Je crois qu'ils sont fabriqués avec des métaux de l'espace ! En tout cas, au bout d'un moment tu ne sais plus si tu dors ou si tu délires. Tout vibre en toi. Je t'assure que j'ai vraiment décollé !

Gabrielle se fout pas mal des délires d'Inès autour de la *mindfulness*. Elle préférerait parler de Living With the Enemy, poser des questions sur ces femmes, tout savoir, tout comprendre. Pour donner le change, elle fait mine de s'intéresser à la conversation.

— On était une vingtaine, poursuit Inès. Tous les âges. Une des participantes ne lâchait pas un fruit, elle s'est trimballée avec toute la soirée. Une pêche, je crois, un prétendu symbole de vie éternelle. *It's only in New York* que tu peux rencontrer des gens comme ça. Vous devriez essayer ce truc.

— Antoine en sera incapable, il est tellement control freak. Je l'entends d'ici me répéter toute la soirée qu'on doit partir et que ces gens sont des escrocs.

— Il faut accepter un certain lâcher-prise ! À mon avis, ça va même assez loin. À la fin, la Japonaise expliquait que l'alignement particulier de ses chakras après les séances de sound bath lui provoquait des orgasmes hyper puissants. Bref, *long short story*, je crois que la fille parvient à se faire jouir juste en méditant. Ça ne te gêne pas que je te raconte ça ? Tu dois me prendre pour une folle.

Gabrielle la rassure en essayant de se rappeler son dernier orgasme, puis évoque son incapacité à imaginer Antoine participer à ce genre d'expérience.

— Il est *by the book* à ce point ?

— Je pense que j'ai épousé l'homme le plus droit de la Terre. Posé, réfléchi. Angoissé par la nouveauté, la peur de se tromper. Nous avons eu une vie tellement sérieuse jusqu'à présent !

— Sérieuse ou boring ?

— Disons que notre départ pour New York a été salutaire pour notre couple. Mais tu le gardes pour toi, hein ?

— Compte sur moi. Une tombe ! Et du coup, pour toi, ce fresh start est à la hauteur de tes attentes ?

— Passé l'excitation de l'arrivée, les premières semaines ont été difficiles. Je me sentais seule et inutile. J'avais beaucoup de mal avec l'idée d'être devenue une femme entretenue. Alors j'ai eu beaucoup de chance de te rencontrer. Tu n'imagines pas quel bien me font nos réunions.

— Cool ! Comme quoi, ça vaut le coup de se bouger. Vous allez vous éclater ici.

— Crois-moi, on part de loin. Pour l'instant je n'ai pas réussi à trouver la goupille pour décoincer Antoine. Mais j'ai quand même bon espoir d'y arriver ! J'ai l'impression qu'il commence à changer. En tout cas je suis prête à toutes les surprises.

— Emmène-le au sound bath. Tu la trouveras vite, la goupille de ton mec !

Inès continue à vanter les vertus de la méditation de groupe, mais Gabrielle l'écoute distraitement. Un appel bouillonnant vient de s'imposer à elle, sûrement cette histoire de goupille. Un désir enfoui depuis trop longtemps, et maintenant plus question d'y renoncer. Elle s'interroge sur la meilleure façon de s'y prendre. Afin de ne pas entendre Antoine parler de prudence, elle décide de ne pas le mettre dans la confidence trop tôt. D'ailleurs, à 40 ans, aucune chance que cela marche dès la première fois.

Antoine et Mark se retrouvent avant 16 heures pour trente minutes de course le long de l'Hudson. Pendant que Mark vérifie ses lacets, Antoine l'interroge sur sa vie sentimentale, tentant de mieux cerner cet homme qu'au fond il ne connaît pas encore très bien.

— Bon, s'impatiente Mark. Arrête de tourner autour du pot comme ça ! Qu'est-ce que tu veux savoir ? Si j'ai une copine ?

— Je ne sais presque rien de toi. Tu éludes toujours les questions.

— Alors non, j'ai pas de copine. Pas au sens classique en tout cas. Mais je suis pas un moine non plus. Tu comprends ?

— Pas bien. Si tu es gay tu peux me le dire, je n'ai aucun problème avec ça.

— Tu fais fausse route. C'est une Américaine. Elle me retrouve chez moi une fois par semaine. Le lundi, si tu veux tout savoir.

— Depuis longtemps ?

— Je n'ai jamais été doué en histoires d'amour. Du coup ces dernières années j'ai eu plusieurs fois recours aux services d'escorts. Voilà comment j'ai connu Abby.

— Abby ?

— Abigail.

— C'est une pute ?

— Ne dis pas ça, c'est une amie ! Elle est mariée, du reste. Aucun problème d'argent dans le couple, mais elle s'emmerde. Alors pour payer des cocktails à ses copines ou pimenter ses journées elle s'est inscrite sur un site d'escort girls.

— J'imaginais plutôt des étudiantes dans la dèche. Pas des bourgeoises de Manhattan. Et elle a d'autres clients, Abigail ?

— Pourquoi, ça t'intéresse ?

— Non, rassure-toi. J'essaie juste de comprendre.

— Il n'y a rien à comprendre, Antoine : je ne suis pas doué pour les relations amoureuses, Abby raffole du sexe et elle adore que je la paye. Ça me paraît limpide.

— J'aime bien ta manière de simplifier ta vie et les questions morales. Tu ne t'embarrasses jamais de rien. Tu vois d'autres filles ?

— Je suis pas un mec à putes, qu'est-ce que tu crois ? Abby le lundi, point à la ligne. Parfois un extra au téléphone. Quand elle croque un *gummy bear* devant un porno et m'appelle pour me raconter ce qui l'excite.

Décidément, entre le sexe tarifé et les sucreries au cannabis, cette Abigail est assez rock'n'roll, se dit Antoine.

— Je n'en reviens pas. C'est chaud ton histoire.

— Les Ricaines sont chaudes. Incontestablement.

— Tu viendrais dans mon quartier, je t'assure que tu ne dirais pas ça. Plutôt ambiance prude et collet monté.

— T'en sais rien une fois les rideaux tirés. Les femmes ont décidé de prendre le pouvoir. De jouir à leur guise en nous donnant des cours du soir sur le clitoris. Les mecs sont largués et se gavent de Viagra dès 20 ans afin de rester dans la course. Je juge pas, c'est juste un fait. Elles ont raison de vouloir profiter, du reste.

Les deux hommes se regardent et sourient. Mark semble troublé. Il pose la main sur l'épaule d'Antoine, premier geste amical depuis leurs retrouvailles, et le remercie de lui avoir posé ces questions personnelles ; c'est rare. Il ne pensait pas que cela lui ferait du bien de se confier. Puis il se ressaisit et enchaîne :

— Bon, on s'y met, camarade ? On cause depuis dix minutes, t'as pas envie de courir aujourd'hui ?

— C'est parti ! Surtout que je ne dois pas traîner, j'ai Halloween ce soir.

Après une interminable déambulation dans le quartier, Antoine et Gabrielle ont un mal de chien à coucher Chloé. Une foule compacte et surexcitée avait envahi les rues avoisinantes, qui débordaient de bonbons. Ils ont croisé une multitude de monstres en tout genre, de squelettes effrayants, d'araignées géantes et aussi quelques infirmières sanguinaires. Une fois rentrée, leur fille était en plein *sugar rush*, incapable de trouver le sommeil. Dans leur lit, allongés sagement côte à côte, Gabrielle et Antoine ont du mal à s'endormir eux aussi, échauffés par leurs conversations respectives de la journée et probablement taraudés par le désir extravagant d'un lundi après-midi avec Abby ou des coups de boutoir cosmiques d'un Viking danois.

Have a Good One

Antoine, bien accroché au guidon de sa trottinette, descend la Septième Avenue en trombe, parfaitement synchronisé sur une succession de feux verts. Les rues de *midtown* sont encore calmes à cette heure. Il a froid aux mains, mais la lumière étincelante du ciel bleu lui donne envie de chanter. À ce rythme, il sera arrivé dans moins de dix minutes. Shun est aux anges depuis quelques jours. Malgré les erreurs d'Antoine et ses retards répétés dans les livraisons, le bouche-à-oreille positif fonctionne à plein régime et le chiffre d'affaires de la boutique a bondi. Shun n'en revient pas. C'est la première fois qu'un livreur incompétent parvient à fédérer autant d'avis élogieux ! Les reviews sur Yelp et Google sont excellentes, la note globale du pressing frôle maintenant les cinq étoiles. Du jamais-vu. Sans parler des pourboires pharaoniques qu'il rapporte le soir, délirants au regard de son manque d'efficacité. Shun garde pour lui ses doutes et ses commentaires. En bon commerçant, il se refuse de chercher à comprendre. S'il suffit d'avoir un livreur blanc et bien sapé pour gagner des points et des clients, *that's fine !* Il a donc décidé d'augmenter Antoine de 2 dollars de l'heure pour le fidéliser, et d'arrêter de l'emmerder avec des remarques désagréables. D'autant plus qu'Antoine est un bon élève. Conscient de ses faiblesses, il compense ses inaptitudes physiques par une optimisation logistique. Il analyse tous les facteurs et trajets, le poids de chaque marchandise, les horaires favoris des clients. Il entend progresser et améliorer ses rendements à chaque étape de l'organisation de ses tournées.

Tout en roulant vers son travail, il se répète les noms de famille compris entre les lettres *G* et *L* et les adresses qui vont avec. Soudain, un taxi déboîte à toute allure sur sa droite pour charger un client et manque de le percuter. Il freine à mort et doit sauter de son engin pour s'arrêter à temps. La trottinette termine sa course dans le pare-chocs du taxi. Le chauffeur s'extrait de sa voiture comme un diable et se met à l'injurier violemment. Les Américains peuvent être charmants, mais ils basculent d'un claquement de doigts du sourire aimable à la menace physique bien réelle. Antoine refuse de discuter avec lui comme avec les quelques passants prêts à intervenir en sa faveur. Il ne veut ni attirer l'attention ni risquer d'être pris à partie dans une bagarre. Il récupère sa trottinette, démarre aussitôt, et pour la première fois de sa vie grille un feu rouge.

Tandis qu'il recouvre ses esprits, il sait soudain qu'il tient la bonne idée pour ne pas sortir du territoire au moment des vacances de Noël. Une bonne entorse la semaine avant le départ garantirait une immobilisation forcée, avec interdiction de prendre l'avion. Cette stupide trottinette pourrait finalement s'avérer utile.

À condition toutefois de bien calculer son coup : il ne s'agit pas non plus de finir en fauteuil roulant.

À présent qu'une ébauche de solution se profile, il achète les billets aller-retour sur l'application Air France. Gabrielle revient à la charge tous les matins pour s'assurer qu'il va bien s'en occuper. « On est presque fin novembre, Antoine. » Avant d'arriver au pressing, il lui transfère une copie d'écran par SMS, avec un smiley et quelques mots d'explication.

Hi Babs, voici nos billets pour Noël ! Tu vois, j'ai fini par les réserver. On est en éco cette fois. La boîte ne paie qu'un voyage en Business par an. À ce soir. Love you !

Il a pris une assurance en se disant qu'il aurait tout le temps de les annuler une fois immobilisé. Gabrielle répond très vite avec une suite d'émojis enthousiastes. Un pouce levé, le drapeau français, une bouteille de champagne, un cœur rouge vif et la trace d'un baiser sensuel.

Elle est en marche vers l'école avec Chloé quand elle reçoit le message d'Antoine. De rage, elle pourrait balancer son téléphone dans une poubelle de York Avenue quand elle découvre la réservation. Il a fini par acheter ces fichus billets ! Elle n'a pas le courage de lui répondre. Quelques émojis enflammés feront l'affaire. Elle aurait dû lui parler franchement, lui expliquer qu'elle n'avait plus aucune envie de rentrer, de revoir

Paris si tôt, ni d'enchaîner un tour de France laborieux de leurs familles. Elle voit d'ici les réveillons poussifs et les dîners à crever d'ennui où elle devra raconter dix fois les mêmes anecdotes. Après tout, ils n'ont qu'à venir s'ils veulent les voir ! Pourquoi devrait-elle encore faire ces efforts ?

Jamais elle n'aurait pensé que ce groupe de femmes allait la bouleverser si vite. Il y a un mois, elle ne connaissait ni Living With the Enemy ni toutes ces filles. Aujourd'hui, elle n'arrive pas à imaginer devoir rester deux semaines loin de leur énergie communicative et de son envie de se rendre utile.

La veille encore, elle a vécu un moment très intense. Une jeune femme est venue témoigner. Elle sortait d'un séjour à l'hôpital après s'être fait violemment agresser. Son taré de mec, persuadé qu'elle le trompait à tour de bras, lui avait interdit de sortir et avait installé en douce sur son téléphone une application de géolocalisation. Un soir, elle avait osé aller danser avec des amies, en prétextant un dîner chez sa mère. Il l'attendait devant le club. Traumatisme crânien, deux dents cassées et la clavicule en miettes. Elle estimait s'en être bien tirée. Si ses copines n'avaient pas rameuté les videurs de la boîte, elle serait probablement morte sur le trottoir.

Dakota, une jeune américaine charismatique, membre de leur association, lui avait demandé de venir partager son expérience. Après l'émotion du témoignage, Dakota les a haranguées sur un ton guerrier. « Plus jamais nous n'accepterons d'être surveillées, contrôlées, soumises ou tabassées ! Nous ne devons plus nous accommoder ni baisser la tête devant les hommes. Nous allons nous battre et rendre coup pour coup. Un par Un. Game over ! »

Gabrielle s'est pris une claque en l'écoutant. Dans de précédentes réunions, elle avait déjà croisé cette jeune femme combative, flamboyante porte-parole woke qui jonglait avec les concepts de masculinité toxique et de sexualité non binaire. Elle aimerait avoir le panache de cette fille au sourire radieux. Quelqu'un comme Dakota saurait quoi faire de ces billets de Noël. Le genre de femme invulnérable qui t'enverrait balader ces vacances françaises sans se poser de questions. *Mais pas moi*, se dit Gabrielle en renonçant. Elle s'en veut. Trop conciliante. Trop polie. Mollasse. Antoine et Chloé ont envie de rentrer pour les fêtes, alors elle ne va pas leur faire ce coup-là… Antoine ne comprendrait pas pourquoi. Elle a tellement parlé de ce retour ! Elle n'a plus qu'à prendre son mal en patience. Encore l'abnégation. Décidément, il est temps que ça change.

Afin de ne pas ressasser toute la matinée cette histoire de Noël, elle décide de se rendre au MoMA, où une nouvelle exposition vient d'ouvrir ses portes. Le musée étant à côté du bureau d'Antoine, elle pourra lui faire une visite surprise vers midi. On ne sait jamais, peut-être aura-t-il le temps d'aller déjeuner ? Une fois tous les deux, elle en profitera pour tâter le terrain. Si ça se trouve, lui aussi aurait envie d'un Noël à l'américaine ?

En fin de matinée, juste avant de s'arrêter pour avaler un sandwich entre deux livraisons, Antoine est poursuivi dans la rue par une dame âgée, résidente d'un petit immeuble bien tenu où il se rend deux fois par semaine. Ils se sont déjà croisés dans le lobby, mais elle n'avait pas osé l'aborder. Très curieuse, elle aimerait comprendre l'étrange destin qui a amené ce Français à lui livrer le lundi et le jeudi les chemises parfaitement repassées de son mari. Elle a aussi une proposition à lui faire. Leur immeuble est une coop, comme souvent dans ce quartier. Tous les propriétaires sont associés et décident ensemble aussi bien des travaux à mener pour l'entretien du building que du choix des futurs résidents. Il faut montrer patte blanche pour y vivre, avoir un dossier solide et le même pedigree que les autres habitants. Une forme d'entre-soi très assumée. Un de leurs *doormen* est parti à la retraite et ils ont toutes les peines du monde à le remplacer. Elle dirige le *board* de l'immeuble, et même si Antoine n'a pas l'expérience requise elle semble convaincue qu'une majorité des résidents serait favorable à cette candidature un peu chic.

— Qu'en dites-vous ?

Antoine n'en dit pas grand-chose. Il ne s'imagine pas porter un uniforme de l'armée russe et faire des courbettes toute la sainte journée. Et, surtout, il n'a aucune envie de retrouver la position statique qui a été la sienne ces derniers mois. De toute façon, sans permis valable, le *board* ne validera jamais son dossier. Mais sentir qu'il pourrait facilement doubler son salaire l'amuse. Il touche du doigt le rêve américain, où la volonté personnelle, le courage et un travail bien fait offrent de nouvelles opportunités. En partant, elle lui glisse dans la main un pourboire généreux, appuie son geste d'un signe d'affection et lui demande de réfléchir à son offre.

— *Please, think about it. Have a good day, Antouane !*

C'est ça, j'y penserai. Bonne journée à vous aussi, se dit Antoine en s'éloignant. Il a terminé sa journée plus tôt que prévu et, s'il se dépêche, il pourra être à l'heure pour la séance des *Trois Jours du Condor* de Sydney Pollack programmée au Film Forum. Alors qu'il se dirige au pas de course vers Robert Redford et Faye Dunaway, il reçoit une notification WhatsApp. Damien l'a ajouté au groupe « A Little Party Never Killed Nobody ». Un message envoyé à tous les membres s'affiche quelques secondes plus tard :

Save the date. 15 déc. 22 heures, Spring Studio - Broom Street.

I'm the Birthday boy. 50 is the new 20.

Dress code fifty/fifty. Moitié Cinquante Nuances de Grey / Moitié Mad Max Fury Road. Can't wait.

Damien

Antoine balaie l'écran pour parcourir la liste des participants. Des centaines de personnes sont invitées. Il relit le message en tentant de visualiser son futur déguisement, moitié sado-maso pour jeunes filles en fleurs, moitié guerrier en cuir post-apocalyptique. Très vite, des dizaines de messages bipent avec frénésie dans sa poche. *Awesome.* Émojis. *Awesome.* Il passe en mode silencieux après avoir envoyé un SMS enthousiaste à Gabrielle pour la prévenir de réserver une baby-sitter qui accepterait de rester toute la nuit. Ils sont invités à la soirée de l'année !

Wake Up Call

L'hiver a démarré sous les meilleurs auspices pour Gabrielle et Antoine. Ils prennent leurs marques dans le bouillonnement de la ville et se sentent devenir plus new-yorkais chaque jour.

Début décembre, ils ont été invités à dîner chez le cousin de Julien, qu'Antoine avait croisé rapidement au Café français. Gaspard est le fondateur des Frenchies, un espace de travail et de rencontres entre Français installé au premier étage d'un immeuble à l'angle de West Broadway et Prince Street. Il vit avec sa femme Sophie et leurs enfants dans un splendide appartement aménagé au-dessus du coworking, avec tous les incontournables du loft new-yorkais : surface immense, hauteur sous plafond impressionnante, murs de brique et solides colonnes pour soutenir la structure. Julien et Inès étaient là eux aussi. Gaspard avait débouché quelques grands crus et ils sont passés à table assez tard, après un apéritif à rallonge, comme à l'époque des dîners parisiens. Après le repas, ils ont ri tels des adolescents farceurs lorsqu'ils ont escaladé une fenêtre pour aller fumer sur l'escalier d'incendie fixé à la façade, la tour

One en ligne de mire. Personne n'a parlé de visa ni de réussite exemplaire. La conversation a glissé naturellement de la politique à la littérature, des enfants aux séries Netflix. Tout était simple et joyeux.

Avec pas mal d'humour, Gaspard a raconté une réunion surréaliste qui s'était tenue à l'école avec des familles américaines désireuses de donner une éducation française à leurs rejetons. Comme le directeur du Lycée français est un de ses copains, il avait fait venir Gaspard pour témoigner en tant que parent. La seule véritable inquiétude de ces Américains portait sur les coûts de scolarité : est-ce qu'une école à 40 000 dollars l'année disposait vraiment de moyens suffisants pour recruter et garder de bons professeurs ? Cette somme « modeste » permettait-elle de garantir une éducation compétitive ? Et des équipements de qualité ? À 10 000 dollars de plus, ils auraient signé tout de suite. Là, ils avaient besoin de réfléchir. Seuls les meilleurs étant destinés à survivre dans le monde de demain, il n'était pas question de donner une éducation au rabais ! Ils ont pleuré de rire en écoutant Gaspard imiter à la perfection ces Américains courtois et grotesques.

En partant Antoine a avoué à Gabrielle, un peu à contrecœur, qu'il avait passé une merveilleuse soirée et qu'elle avait raison. Il était très agréable de retrouver pour quelques heures cette atmosphère française familière et désinvolte. Elle s'est d'abord contentée de lui sourire, malicieuse et taquine, puis l'a embrassé et regardé très sérieusement. « Cette ville est faite pour nous, Antoine. Je le sais, maintenant. Et je veux un appartement pile comme le leur. Dans ce quartier. C'est ici que nous devons vivre. Là, on est vraiment à New York. On va déménager, mon amour. »

Dans le taxi du retour, elle entendait Antoine parler sans vraiment l'écouter. Il discourait tout seul sur la difficulté de dénoncer leur bail et du coût prohibitif d'un déménagement. Elle s'en foutait. Elle était encore sous le choc de sa découverte. Et contre toute attente elle n'avait pas le souvenir de s'être sentie aussi heureuse depuis longtemps.

Les jours suivants, sorties et soirées se sont enchaînées. Décembre est un mois actif à New York. Quelques dîners, un match de basket au Madison Square Garden et, bien sûr, avec Chloé, l'incontournable spectacle d'hiver, *Nutcracker*, au Lincoln Center un dimanche après-midi, pour son anniversaire. Ils sont ensuite allés célébrer ses 6 ans tous les trois dans un restaurant de Brooklyn, face à la skyline illuminée. Ils étaient heureux. Antoine se sentait bien et refusait pour l'instant de s'inquiéter de leur avenir. Il profitait d'être là, l'esprit étonnamment léger. Depuis quelques jours, Gabrielle semblait avoir changé elle aussi. Elle le regardait autrement. Lui non plus n'avait pas le souvenir de l'avoir vue aussi heureuse depuis longtemps.

L'anniversaire de Damien, le 15 décembre, est leur première véritable fête. Ils ne sont jamais allés cuire dans le désert du Nevada pendant la frénésie joyeuse et tribale de Burning Man, mais ce soir, dans le froid du mois de décembre, les voici propulsés vers une énergie foutraque et étourdissante du même type, avec le sentiment grisant d'être au bon endroit. Après s'être extirpés du défilé des *blacks cars* devant l'entrée du building, ils franchissent le barrage de sécurité et pénètrent, le souffle coupé, dans un espace gigantesque. Une véritable boîte de nuit réinventée dans un studio de tournage de Red Hook. Huit mètres de hauteur sous plafond, un mur vitré face à New York, et au loin la statue de la Liberté illuminée. Selon l'estimation d'Antoine, plus de 400 personnes s'y entassent. Gladiateur, secrétaire dominatrice, esclave menotté ou guerrier de l'apocalypse : tous les déguisements sont très travaillés, probablement avec l'aide de costumières professionnelles. La musique est trop forte pour qu'ils puissent s'entendre. Les basses du morceau de rap envoyé par le DJ font vibrer ses vêtements. Malgré l'obscurité et l'anonymat de leur déguisement, ils n'osent pas avancer, se sentant illégitimes et maladroits. Puis Antoine prend Gabrielle par la main et la guide sans fléchir jusqu'au bar à travers la foule exubérante. La balle en caoutchouc rouge retenue dans la bouche du barman par une lanière en cuir empêche ce dernier de répondre à la commande d'Antoine, mais il lui tend deux coupes de champagne en grognant.

— Pratique, cette muselière ! plaisante Antoine en se penchant vers sa femme. On boit un verre ou deux avant de se jeter dans l'arène, d'accord ?

— D'accord. Mais d'abord embrasse-moi !

Il la regarde en s'approchant de sa bouche. Elle semble à présent très à l'aise et commence à bouger doucement le haut du corps contre lui, prête à danser ou faire l'amour.

Il la regarde, surpris, puis vide d'un trait sa coupe de champagne. Les pouces dans les poches, il tente de se donner une contenance en cherchant un visage connu. Lorsqu'il aperçoit Damien, il s'ingénie sans succès à capter son attention en agitant les bras. Mais tout le monde agite les bras au rythme de la musique, et la capacité d'écoute de Damien est concentrée sur le décolleté extravagant d'une jolie barbare en cuir clouté.

Gabrielle attire Antoine vers le centre de la piste. Antoine crève de chaud dans sa veste en fausse fourrure de yack qu'il porte torse nu. Il transpire abondamment dans son pantalon moulant en latex noir et sous son casque affublé d'une paire de cornes d'antilopes. Gabrielle a confectionné leurs tenues dantesques vaguement inspirées des guerriers vikings. Elle a eu raison de sortir le grand jeu. Elle danse encore alors qu'Antoine s'éloigne pour retourner au bar, où il a repéré Damien. Il parvient enfin à l'approcher.

Le héros de la soirée est très sollicité, mais prend le temps de l'accueillir avec enthousiasme. Il le félicite pour son déguisement et l'embrasse, les joues collantes de sueur et de maquillage, avant de lui présenter les amis gothiques qui l'entourent. Damien l'embrasse à nouveau et lui parle très fort, les lèvres collées à son oreille.

— Je suis content que tu sois là, *American boy.* Tiens, avale ça. Tu profiteras mieux de la soirée. Une toutes les deux heures. Tu vas voir, c'est drôle et léger. Je t'en file en rab pour ta femme. Elle est où, d'ailleurs ? Avec un autre type ? Fais gaffe, Antoine, *it's fucking hot tonight !*

Avant qu'Antoine n'ait le temps de lui répondre, il lui glisse une dizaine de cachets vert fluo dans la main puis s'éloigne, déjà alpagué par un groupe de zombies BDSM. Antoine regarde les pilules, hésite. Il n'a jamais bu avec excès, et à part quelques pétards à l'adolescence son expérience des drogues est quasi nulle. Mais comme tout semble possible ce soir, il gobe un cachet avant de rejoindre Babs sur la piste et glisse une pilule magique entre ses lèvres entrouvertes. D'abord étonnée par son geste, Gabrielle l'avale sans hésiter, avec un large sourire. Décidément, sa femme cherche à le surprendre, ce soir.

La DJ qui assure la seconde partie de la fête est redoutable. Ils dansent des heures durant, ne s'interrompant que le temps nécessaire pour applaudir Damien et son gigantesque gâteau aux 50 bougies.

Antoine profite de la première chanson moins convaincante pour sortir fumer une cigarette sur la terrasse. 3 heures du matin, déjà. L'air est glacial et le ciel lumineux. Antoine ne sent pas le froid. Quelques convives tirent sur un *weed pen* qui circule paresseusement. Deux Français appuyés à l'écart contre la rambarde sont plongés dans une discussion surréaliste à propos du hedge fund que l'un d'eux est en train de créer. « Je monte tout en short selling, uniquement sur les actions dont les cours peuvent baisser. J'emprunte des actions que je ne possède pas, je les vends au prix fort, je travaille pour faire baisser les cours puis je les rachète à bas prix pour les rendre à ceux à qui je les ai empruntées. J'adore ce truc ! » Antoine les écoute, amusé, et ne peut s'empêcher de se mêler à leur échange. Il connaît bien le sujet et la tentation de se raccrocher à son passé est trop forte. Il étale son savoir, d'abord pour se rassurer lui-même. Il n'est pas qu'un livreur de linge et en a encore sous le pied pour tenir tête à n'importe quel expert. Même assez imbibé, il reste précis et percutant. Les deux hommes sont impressionnés par ses points de vue et la conversation glisse irrémédiablement vers son job. Il ne met pas longtemps à réaliser qu'il s'est piégé tout seul. Trop tard. Trop d'alcool et les maudites pilules de Damien. Pour la première fois il a perdu le contrôle. Jérôme, le type du hedge fund, semble aux anges de l'avoir rencontré. Il raconte avoir été bluffé, pas plus tard que la semaine dernière, par une présentation sensationnelle de Risk.AI Technologies. Il a même décidé de les faire plancher sur son projet. « Quelle coïncidence démente ! » ajoute-t-il. Ryan et lui se sont tapé dans la main la veille dans les bureaux de la start-up. Ils s'apprêtent à signer un deal ensemble et Jérôme a eu droit à une rencontre en règle de tous les managers. Il s'étonne de ne pas l'avoir croisé. Antoine est français et avec son niveau d'expertise il est clairement l'interlocuteur idéal. Pourquoi Ryan ne les a pas présentés ? Jérôme le bombarde de questions difficiles. Par les larges baies ouvertes sur la terrasse, Antoine entend Kanye West et Estelle évaluer les multiples caractéristiques du parfait *American boy*. Le volume de la musique semble diminuer à mesure qu'il s'enfonce dans de vaseuses explications.

— Antoine est trop réglo pour vous répondre. Il ne dira jamais de mal d'un ancien employeur. Moi, je vais vous dire la vérité ! Il a quitté ces tocards de Risk.AI Technologies dès qu'il a compris que leur soi-disant algorithme révolutionnaire n'était qu'un pauvre pipeau bien emballé. Il monte son projet lui-même et, croyez-moi, c'est avec lui que vous devriez signer.

Antoine n'ose pas se retourner. Il écoute, chancelant et incrédule, la voix de Gabrielle derrière lui. Elle l'a tiré sans hésiter de cette impasse minée. Elle a été impeccable, irréfutable et tranchante. À son côté, hilare, Damien, est trop high pour comprendre quoi que ce soit. Il attrape Antoine par les épaules et le pousse dans la salle.

— *Come on, American Boy !* T'entends ? C'est ta chanson ! On te cherche partout. Viens !

Jérôme tente de le retenir, il veut en savoir plus et lui demande son numéro de téléphone pour poursuivre cette conversation. Trop tard. Gabrielle et Damien ont déjà arraché Antoine à la terrasse et l'emmènent rejoindre dans un éclat de rire la foule qui reprend en hurlant les rimes saccadées de la chanson.

Ils quittent la soirée parmi les derniers. Dans le taxi qui les remonte vers Upper East Side, le regard plongé à travers la fenêtre, Antoine tente de trouver la meilleure amorce pour crever l'abcès. Incrédule, il s'interroge en boucle. Comment Gabrielle a-t-elle pu découvrir la vérité ? Il a pourtant fait attention à chaque détail. Il se décide à rompre le silence.

— Tu le savais depuis longtemps ?

— Pourquoi tu ne m'as rien dit ?

— Si tu savais, pourquoi tu ne m'as rien dit non plus ?

— Parce que je ne me suis jamais sentie belle, répond-elle du tac au tac. Depuis des années en tout cas. J'ai été seule trop longtemps.

Surpris par sa réponse, il se tourne pour la regarder, lui attrape la main et lui sourit timidement.

— Seule ? J'étais pourtant là.

— Je ne parle pas de présence ou de fiabilité ou de je ne sais quoi de comptable. Je te parle de désir, d'enthousiasme, de partage. D'amour. Ce n'est quand même pas compliqué à comprendre !

Elle retire sa main un peu trop brusquement et reprend, plus calme :

— Parfois, je touchais ma poitrine pour écouter mon cœur et vérifier que j'étais toujours vivante. Plus rien ne bougeait en moi. Des jours entiers sans oxygène. Toi, tu ne voyais rien. Je me disais, c'est tout ce que je vais avoir ? Je n'ai rien d'autre à attendre de la vie ? Je peux te l'avouer maintenant, notre couple n'aurait pas résisté à l'été. J'avais pris la décision de te quitter. Mais quand tu es rentré ce soir de juin avec New York entre les mains j'ai su que tu avais enfin compris. Que tu voulais nous sauver ! Alors ne me fais pas douter et ne m'oblige pas à remuer le pathos du passé.

Antoine est scié par ses révélations mais préfère ne rien répondre. Elle a trop bu et noircit le tableau. Ils en reparleront plus tard, à tête reposée. Pour l'instant, il est surtout soulagé. Il était convaincu qu'elle allait hurler, le traiter de malade, monter dans un avion avec leur fille pour demander le divorce dès le lendemain. Il se sent libéré de savoir qu'il va enfin pouvoir partager ses trop lourds secrets.

— Je vais tout te raconter, Babs.

— Pas besoin.

— Je dois te parler, qu'on réfléchisse ensemble…

— Il est 4 heures du matin, on a dansé toute la nuit, ces fichues bottes me font un mal de chien, j'ai trop bu et tes cachetons m'ont mis la tête à l'envers. Tu les sors d'où, d'ailleurs, ces pilules ? Décidément, tu m'as caché beaucoup de choses ces derniers temps.

— Comment as-tu découvert la vérité ?

— Peu importe. Maintenant à toi de nous sortir de là.

— Pas tout seul. J'ai besoin de toi pour y arriver.

— Tu l'as vu ce soir, tu peux compter sur moi au bon moment. Mais je refuse de savoir comment tu vas t'y prendre.

— Pour nous ramener en France ?

— Ah non ! Ne me parle pas de retour en arrière. On ne va quand même pas retrouver notre vie à la con ! Tu m'as bien entendue, Antoine ? C'est hors de question.

— Qu'est-ce que tu veux, alors ?

— Débrouille-toi comme tu veux mais on reste. Tu m'as menti sur tout et au-delà de tout. Ça paraît dingue, mais malgré tes tromperies tu ne peux pas imaginer comme j'ai kiffé quand j'ai découvert les risques insensés que tu avais pris pour nous. J'ai manqué d'air trop longtemps. Là je revis, et c'est tellement bandant.

Alors qu'Antoine cherche à se rappeler s'il a déjà entendu sa femme employer ce genre d'expression, il sent sa main attraper son sexe. Elle le caresse à travers le latex poisseux de son pantalon. Puis, lentement, elle se colle à lui, penche la tête vers son oreille et murmure :

— Continue comme ça, mon amour. Surprends-moi encore. Ne t'arrête pas, je t'en supplie. Mais oublie cette connerie de pressing. Ces histoires de linge sale ne nous mèneront à rien et on est presque à court de fric.

Sans lui donner le temps de répondre, elle lui glisse la langue au fond de la bouche, et écarte légèrement les cuisses en reculant dans son siège. Ce mouvement fait remonter encore un peu plus sa minijupe lamée argent.

JANVIER 2020

www.lesmouliere-a-newyork.com
Post #10 - vendredi 3 janvier 2020

Hi everyone,
Bonne année à tous, les chéris ! Je vous écris depuis l'aéroport de Miami. Nous décollons ce soir pour New York après une dizaine de jours en Floride, où nous avons passé les vacances de Noël les plus inattendues de notre vie. Vous connaissez l'histoire, alors je ne vais pas vous embêter davantage avec cette galère administrative sur nos visas. J'étais tellement furieuse de ne pas pouvoir quitter le sol américain ! D'après les dernières nouvelles des avocats d'Antoine, tout devrait rentrer dans l'ordre bientôt. On croise les doigts.
Pour la première fois de notre vie, nous avons passé Noël en tee-shirt, badigeonnés de crème solaire. Au volant de notre Mustang cabriolet de location (un caprice d'Antoine ;-), nous avons sillonné les rues de Miami comme dans

une série américaine. La Floride est conforme à l'image que vous en avez mais en plus gros, plus vulgaire et saturé de rythmes latinos. Gangs de rappeurs musclés en débardeur résille, couples gay baladant des mini-chiens en poussette et implants mammaires XXL. *Miami Style, baby !* Au cœur de l'hiver new-yorkais, il faut reconnaître qu'il est agréable de se dépayser à coups de soleil. Je quitte avec tristesse les *sunsets* grandioses et les *cucumber cocktails* de Miami Beach. Chloé parle encore de notre escapade à la recherche d'alligators menaçants dans les Everglades et de notre journée marathon à Orlando, au cœur de l'industrie Disney. Bref, elle a adoré ses vacances !

Seul Antoine semble impatient de rentrer. J'avais du mal à lui faire lâcher ses e-mails. Si je m'agace de son incapacité à décrocher, je suis admirative de ses succès et de sa faculté d'adaptation. Quand nous avons quitté la France, il avait encore tout à prouver à sa direction et le voici, modeste mais triomphant, promu au-delà de nos espérances. Ce petit cachottier ne m'avait pas fait part de son angoisse en arrivant ici. Il craignait de ne pas être à la hauteur des Américains. Il les a tous bluffés !

Pendant que je vous écris, il est assis à côté de moi, plongé dans son téléphone à taper à toute allure une réponse technique à un dos-

sier complexe, imperméable aux désordres du monde et au boucan de l'aéroport…
2020 est un très beau nombre. Nous allons vivre une année formidable. Bonne année à tous et surtout bonne santé !

Je vous embrasse, prenez soin de vous !
See you in NY,

Gabrielle,
+ Antoine et Chloé

Back To Work

Gabrielle est allongée sur le canapé, les pieds posés sur les genoux d'Antoine. Il ne l'a pas lâchée des yeux pendant qu'elle lisait son document de présentation sur l'ordinateur. Elle reprend :

— Pas sûre d'avoir tout pigé ; la tech et moi ça fait deux… Tu devrais le faire lire à d'autres gens. Tu vas le passer à Damien ?

— C'est pour lui que je l'ai écrit ! On a rendez-vous demain matin. C'est le seul type que je connaisse ici qui soit capable d'investir *from scratch* sur ce genre de projet.

— Il a autant d'argent à foutre dans des idées de copains ?

— T'as pas l'air d'y croire beaucoup, à mon idée.

— Le temps que tu puisses sortir un salaire, on sera à la rue.

— Quel soutien ! Merci, ça fait chaud au cœur cette confiance !

— Antoine, tu me demandes mon avis. Alors, avec tes conneries de ces derniers temps, j'ai quand même le droit de me poser des questions, non ? Tu crois vraiment pouvoir négocier un financement suffisant pour monter ce truc en trois mois et nous faire vivre ? Il nous reste moins de 50 000 dollars. On ne va pas aller loin.

— On n'était pas obligés de claquer autant en Floride ! La Mustang, l'hôtel sur la plage… C'est toi qui as sorti le grand jeu. Et encore, j'ai dû te raisonner, tu te souviens ?

— Je te rappelle qu'on en est là parce que Monsieur trouvait amusant d'aller travailler dans un pressing chinois !

Elle a vraiment le don de l'agacer, à lui rappeler dix fois par jour l'urgence de leur situation. Il est bien au courant, merci. Encore une fois, il choisit de faire abstraction de ses remarques pénibles et la prie d'essayer de réagir objectivement sur son projet.

— Raconte-moi simplement l'histoire, répond Gabrielle. Sans tes notes. Pour voir ce que je comprends.

— Ok, c'est un bon entraînement pour demain.

Antoine ferme son ordinateur, se lève et reprend son souffle.

— En m'appuyant sur la tech actuelle, je veux monter une place de marché grand public proposant une approche simplifiée du crédit…

— C'est bien ce que j'avais compris. Mais d'où tu sors le fric que tu vas prêter aux gens ?

— Je sors rien du tout. Mon projet est seulement une interface, un intermédiaire si tu préfères, pour faciliter des prêts de moins de 30 000 dollars entre particuliers. Un fonctionnement hyper simple, qui s'appuie sur une technologie de pointe dans la gestion des risques. On ne se refait pas. Et en plus on court-circuite les banques. Petite vengeance perso !

— Un genre de Airbnb du crédit ?

— Voilà. T'as tout compris. J'adore ! Attends, je le note pour mon pitch.

— Et tu vas vraiment faire ça tout seul ?

— Non. Justement, j'ai besoin de partenaires financiers solides. Mais je connais à fond le marché du risque. Et c'est un projet d'appli collaboratif, basé sur l'intelligence artificielle et la blockchain. Ça coche toutes les cases à la mode pour séduire des investisseurs.

— En tout cas, ça sent le gros marketing derrière chaque slide. Le gars qui a trouvé une nouvelle astuce pour endetter encore un peu plus les pauvres. Pas très glorieux. T'as pas une idée plus moderne ?

— Tu penses à quoi ?

— Une fondation, ça brasse des millions. Tu sais combien Inès espère récupérer en organisant un gala pour Living With the Enemy ?

— Tu voudrais que je monte une fondation et qu'on pique les sous ?

— Je voudrais surtout que tu nous tires d'affaire très vite. Et, à mon avis, ton PowerPoint jargonneux, il fait qu'à moitié le job.

— Moi j'y crois, répond Antoine, vexé.

— C'est déjà ça. Je vais me coucher, je suis fatiguée de parler toujours des mêmes choses.

— Comme tu veux. Moi, je descends me fumer une cigarette.

— Tu ferais mieux d'arrêter, Antoine. Elles nous coûtent un bras, tes clopes !

Il fume devant son immeuble, râlant contre sa femme et tapant des pieds sur le sol pour se réchauffer. Le vortex polaire qui s'engouffre sur Park Avenue le paralyse. Sa cigarette le calme quelques instants, puis l'angoisse le reprend. Il ne sait pas comment ils vont s'en sortir avec un tel compte à rebours au-dessus de la tête. Heureusement, Gabrielle a fini par découvrir la vérité. Sans elle, il aurait perdu encore plus de temps.

Tout a commencé un matin, fin novembre. En sortant du MoMA, voisin de son bureau, elle a suivi une impulsion soudaine et décidé de lui faire la surprise d'un déjeuner improvisé. Mais ni la sécurité de l'immeuble ni l'hôtesse d'accueil de Risk.AI Technologies ne connaissaient le nom de son mari. Elle est passée de l'agacement à une fébrilité inquiète. Pour se débarrasser d'elle, la sécurité a fini par appeler un manager, qui a confirmé qu'aucun Antoine Moulière n'avait jamais travaillé ici.

De retour à la maison, elle a fouillé dans leurs papiers tout l'après-midi, passant en revue les comptes bancaires en ligne et les courriers administratifs. Elle s'est rapidement rendue à l'évidence : Antoine n'avait pas touché le moindre centime depuis leur arrivée à New York, et la grosse somme d'argent versée sur leur compte américain fin août fondait inexorablement chaque mois. Très perturbée, elle a toutefois réussi à garder le silence en attendant de savoir comment réagir. La victime de l'agression qu'elle a rencontrée à Living With the Enemy lui a soufflé une idée sans le savoir. Gabrielle a effectué quelques recherches sur Internet et, une nuit, elle s'est résolue à installer un logiciel espion sur l'iPhone d'Antoine. Une de ces applications grand public qui permettent aux parents de localiser leurs enfants. Après avoir constaté qu'il circulait en permanence dans un périmètre restreint de West Village, elle l'a suivi et a découvert, sidérée, à quoi il employait ses journées. Elle avait tout imaginé, de la classique relation extra-conjugale au rocambolesque trafic de drogue. Mais livreur dans un pressing chinois, jamais ! Elle a réservé un restaurant juste avant les vacances de Noël pour une grande confrontation avec lui. L'incident à la fête de Damien a tout précipité.

Gabrielle était convaincue qu'il les avait emmenés aux States pour sauver leur couple. Et qu'il perde son job mais décide de se lancer malgré tout dans cette aventure l'a rendue très fière. Son mari semblait prêt à prendre tous les risques pour la garder. Antoine, lui, s'est réjoui de s'en tirer si facilement. Il n'a pas cherché à la contredire. Cerise sur le gâteau, la poussée inattendue de la libido de Gabrielle paraît sans limites. La semaine dernière, à peine Chloé déposée à l'école, elle s'est jetée sur lui dans la cuisine. Ils n'avaient jamais connu une telle ferveur. Au-delà de sa volonté impérieuse de rester à New York, elle ne lui a demandé qu'une seule chose. « Plus de mensonges, Antoine. Ne me raconte pas ton plan en détail, mais ne me cache plus la vérité. Jamais, tu m'entends ? »

Elle virevolte et court tous les jours vers le Lower East Side, enchaînant les réunions pour son association et les séances de travail avec Inès en vue d'une levée de fonds. Elles organisent pour le printemps prochain un grand dîner sur le modèle des galas caritatifs. Refusant de se serrer la ceinture et d'assumer les conneries d'Antoine, elle a acheté de magnifiques cadeaux pour Noël et planifié à grands frais leurs vacances en Floride. Antoine a fini par comprendre qu'elle le mettait dos au mur, dépensant toujours plus pour l'obliger à avancer au pas de charge. Tous les matins, elle exige des comptes sur son agenda, ses rendez-vous et ses projets, le relançant sans répit. Dès qu'il prend un magazine ou s'apprête à regarder un film, elle lui tend en silence un carnet, un stylo ou son téléphone. Son regard est sans concession. « C'est fini, les conneries, Antoine. Démerde-toi pour performer ! »

Son mégot lui brûle les doigts. Il l'écrase sous l'œil désapprobateur du *doorman*. Le temps de monter chez lui, il a pris sa décision : Babs a évidemment raison sur la difficulté de mettre en place ce marché du crédit. Toutes les banques vont tenter de l'en empêcher, et les investisseurs ne le financeront jamais. Il va perdre un temps précieux. À peine arrivé, il s'installe à la table du salon et consulte ses notes. Tout est organisé. Il sait qu'il ne montera pas un projet grand public, il n'y connaît rien. Sa légitimité est sur le marché des entreprises. Il sait aussi que les premières expériences qu'il a eues dans l'intelligence artificielle sont à valoriser. Son dossier doit s'appuyer là-dessus, le sujet excite tout le monde en ce moment. Il regarde la liste des différents *pain points* qui viennent pourrir la vie des entreprises, et ceux pour lesquels aucune réponse innovante ou pertinente n'a été proposée. Finance, juridique, immobilier… Beaucoup de thématiques ont déjà été traitées. En revanche, sur la formation des cadres, rien de nouveau sous le soleil. Toujours les mêmes recettes. Séminaires dispendieux animés par des gourous New Age ou des universitaires déconnectés de la réalité. Formations individuelles qui font perdre de nombreuses journées de travail. Modules en ligne, jamais personnalisés et rarement au niveau. Les experts appellent ça un *blank space*, un territoire vierge à réinventer, et pour lequel il existe des attentes fortes et des moyens financiers colossaux. Antoine ouvre un modèle de présentation sur son ordinateur et se lance dans l'écriture d'un nouveau projet, à boucler d'ici son rendez-vous avec Damien. La nuit promet d'être longue.

Woke

Vautré sur un canapé du Soho House de Meatpacking, Damien tire paresseusement sur la paille de son matcha latte. Il a attentivement écouté Antoine lui présenter son projet et reste silencieux depuis. Une ride profonde qu'Antoine n'avait jamais remarquée s'est creusée entre ses sourcils.

— Allons sur le rooftop, dit Damien. Il fait beau et j'ai besoin d'une clope pour me concentrer.

— On peut fumer ?

— Pourquoi tu crois que je viens ici ? C'est un club privé, on fait ce qu'on veut.

Ils sont accueillis sur le toit par un type en survêtement éponge jaune. Un badge indique son prénom, Jupiter. Sans même prendre la peine de les regarder, il annonce devoir vérifier leurs cartes de membre avant de leur permettre d'accéder à la terrasse. Damien s'agace. Il a déjà montré sa carte deux fois. Souverain, Jupiter ajoute qu'il n'est pas certain de leur trouver une table sans réservation. Cette fois, Damien s'énerve franchement. Il aimerait qu'on arrête de le prendre pour un con devant son invité. Il parle de discrimination et menace d'appeler le propriétaire.

Sans un mot, Jupiter les conduit à travers la terrasse déserte jusqu'à une table au bord de la piscine. À peine assis, Damien continue de râler.

— La seule manière de se faire respecter, c'est de les menacer. Dès que tu évoques la discrimination, ils flippent d'un procès. Tu sais pourquoi ils nous traitent comme ça ? On est trop vieux, trop hétéros et trop blancs. On ne les excite plus. Chaque fois c'est le même sketch.

— Pourquoi tu restes membre ?

— J'ai besoin d'être membre de plein de trucs inutiles dans ma vie. Ça me rassure. Tu veux une clope ?

— J'essaie de ne pas fumer avant 17 heures.

— C'est fascinant toutes les contraintes que tu t'imposes. Vas-y, fume, pour une fois que tu peux t'en griller une tranquillement assis devant un café.

Antoine allume la cigarette offerte par Damien et souffle la fumée en un long soupir de plaisir.

— Je n'y connais rien en formation continue, attaque Damien, et sincèrement je m'attendais à quelque chose de plus glamour… mais je dois reconnaître que les chiffres de ton deck sont éloquents. Maintenant, je dois creuser le sujet avec des spécialistes.

— Toutes les grosses boîtes dépensent des millions dans la formation de managers. C'est cher pour les entreprises et chronophage pour les cadres. Avec *Echoes*, chacun pourra gérer à son rythme, même en dehors des heures de travail.

— Ne recommence pas ta présentation ! J'ai bien pigé le concept. Réponds-moi sincèrement, plutôt : si on y met les moyens, quand peut-on avoir une version bêta ?

— Le plus long, ce sera de développer le socle d'IA. On ira plus vite avec une équipe en France. Les mecs sont meilleurs qu'ici.

— Moins chers, surtout ! Alors, quelle date ?

— On devrait être prêts fin mai pour une bêta. Plus trois mois de tests. À mon avis, on peut lancer la commercialisation en septembre. Ça t'irait ?

— On se revoit dans dix jours, avec des types spécialisés et qui dégainent vite. D'ici là, faut que tu muscles ta présentation. Et que tu m'expliques pourquoi tu es le mieux placé pour monter ce projet. Sur ce coup, je ne t'ai pas bien senti. C'est quoi le rapport avec le risque ?

Antoine se débat comme il peut, justifiant de son expérience dans l'intelligence artificielle. Damien coupe court.

— Laisse tomber, *American boy*. Tu patines, t'es mauvais. Je te l'ai déjà dit, ne montre jamais que tu doutes de toi. T'es un seigneur ! Pourquoi t'as pas un associé ?

— C'est important ?

— Essentiel. Les investisseurs n'aiment pas les solitaires. La première marche de la réussite est d'avoir partagé ta vision avec un partner. Minimum. Seul, tu passes pour un psychopathe asocial ou, pire, un loser incapable de convaincre au moins un copain. Et trouve un mec issu du business de la formation, ce sera plus rassurant. Si possible un Ricain. C'est plus simple. Idéalement une femme. Plus personne ne lâchera de fric à deux mecs. Sauf si c'est un Black ou un Asian. Et encore. Vaut mieux qu'il soit plus jeune que toi, 30 ans max. Et gay si tu peux. Légèrement activiste mais pas clivant non plus. *Woke soft*, tu vois le genre ?

— Pas bien…

— T'as pas le choix, mec. On joue à domicile, faut t'adapter aux figures imposées du pays si tu veux rester dans le game. Bon, arrêtons de parler boulot et j'en ai marre du matcha ! On va commencer par boire un coup. Vodka Yuzu ? C'est un incontournable ici. Il est passé où cet abruti de Jupiter ?

— Il est 11 heures du matin.

— Parfait ! Ça nous laisse le temps d'y aller en douceur.

Take the Money and Run

Ils s'étaient fixé quatre tours du Reservoir, l'équivalent de 10 kilomètres. Ils ont couru deux tours de plus assez facilement. Mark a perdu du poids depuis leurs retrouvailles en septembre et maintenant il est capable d'enchaîner les foulées sans mollir. Admiratif, Antoine est aussi un peu jaloux. Il a le sentiment de ne pas avoir autant progressé. Ils terminent leur course avec un dernier tour de récupération, au pas. Antoine s'est décidé à tout raconter à Mark avant les vacances de Noël. Son départ de France sans filet, le job annulé, l'absence de visas, le temps qui passe à toute vitesse et les comptes qui se vident. Mark a bien réagi. Il se doutait depuis le début que quelque chose ne tournait pas rond. En reprenant son souffle, Antoine lui raconte son projet de start-up et son rendez-vous avec Damien. Mark est dubitatif.

— Tu sais ce que je pense de ce type. Et sa sale réputation est largement justifiée, du reste. Méfie-toi.

— Tu veux parler des fêtes qu'il organise ? De l'alcool ou des drogues ? Il n'est pas le seul et lui au moins ne s'en cache pas. J'aime bien son côté cash. Il n'a peur de rien, il veut aller vite et moi je n'ai pas de temps à perdre.

— À toi de juger, mais sois prudent. C'est un joueur.

— Il aime mon projet et souhaite me présenter des investisseurs. C'est ma seule planche de salut aujourd'hui. J'ai pas vraiment d'autres options.

— Je t'aurai prévenu.

— La seule condition qu'il ait posée, c'est que je me dégote rapidement un associé. Un profil différent du mien.

— Là-dessus, je pense qu'il a raison. Il est tordu mais il sait de quoi il parle.

— Je ne connais que des gens qui me ressemblent. Genre mâle blanc de 40 ans passés. À part le patron du pressing pour qui j'ai bossé. Ou Kodjo, mon *doorman* ghanéen.

Mark demeure silencieux un instant. Il semble avoir envie de donner un conseil, mais il hésite. Antoine lui lance un regard encourageant et Mark soupire, puis se lance :

— Tu peux aussi être plus malin, camarade.

— C'est-à-dire ?

— Le convaincre de filer le fric *upfront*. Il y a tellement d'argent disponible en ce moment ! Tout le monde lève du pognon sur une pauvre idée vaguement originale, rédigée à la va-vite au fond d'un Starbucks entre midi et deux. Les investisseurs ne veulent pas prendre le risque de laisser passer un bon concept.

— Ils financent sur dossier ?

— Exactement. Mais, entre nous, cet argent tu peux le considérer comme un crédit que tu n'auras jamais à rembourser. Ils paient pour voir, et si toi tu n'arrives pas à sortir le projet de terre personne ne pourra te demander de rendre le fric. Tu devras seulement justifier d'avoir tout essayé.

— Je monte le projet, mais je bidonne tout, c'est ça ? Je fais miroiter un succès mondial, et en réalité je claque tranquillement le pognon au restaurant avec Gabrielle ?

— Je ne te donne aucun conseil. On est off, là. Je ne veux pas d'emmerdements. Je te dis juste que c'est possible. Et légal, en plus.

— Donc je braque Damien et ses investisseurs avec mon PowerPoint ?

— En gros, oui. Tout le monde a envie de croire en une bonne idée. Et ça fait partie des risques du métier, tu connais ça par cœur, non ? Mais, attention. Après ce genre d'échec tu seras grillé partout. Alors autant prendre du lourd tout de suite.

— Tu oserais faire ça, toi ?

— Pourquoi je devrais avoir des remords à délester de 400 000 dollars une canaille millionnaire globalement inutile au bien-être de l'humanité ?

— Quatre cent mille, carrément ?

— Minimum, sinon tu n'es pas crédible.

Le cerveau d'Antoine bouillonne. Jamais il n'aurait eu l'idée de monter un faux dossier. Mais Mark a raison, bien sûr ! Il faut profiter de cette folie financière pour tirer son épingle du jeu rapidement. Il imagine déjà le sourire de Gabrielle quand il rentrera un gros chèque à la main. La voix de Mark le sort de ses rêveries.

— Tu achètes du temps, mais la réalité va vite te rattraper, Antoine. On n'est pas au cinéma. Il te faut des papiers. Tu ne peux pas vivre en clandestin jusqu'à la fin de tes jours.

— J'ai identifié des contacts pour faire de faux passeports sur le Dark Web, mais je n'ai pas osé franchir le pas.

— Des faux papiers ? T'es fou ? Tu veux te retrouver à Rikers Island menotté comme DSK mais sans les paparazzi ?

— Mais je fais quoi, alors ?

— Laisse-moi quelques jours. Il doit bien y avoir un moyen de récupérer un visa quelconque ou même une Green Card. En attendant fonce, et fais gaffe à Damien. T'as pas franchement besoin d'ennuis supplémentaires.

— Merci, Mark.

Antoine hésite quelques secondes.

— On a découvert un super japonais sur Clinton Street. Exactement comme tu aimes. Je nous réserve une table la semaine prochaine ? Ce serait l'occasion de te remercier pour tes conseils et Gabrielle voudrait s'excuser pour l'autre soir.

La semaine dernière, le ton est monté entre elle et Mark quand, à la fin d'un dîner, la conversation a glissé sur les activités associatives de Gabrielle. Elle a parlé de masculinité toxique, puis de culture du viol, et fini par traiter Mark de gros connard trumpiste quand il a affirmé que tout allait très bien pour les femmes depuis l'hystérie collective du #MeToo. Bien sûr, elle n'avait aucune intention de s'excuser, mais Antoine s'est senti obligé de dire quelque chose.

Les deux amis se dirigent vers la sortie du parc. Mark lève le bras pour arrêter un taxi qui descend la

Cinquième Avenue. Avant de monter à bord, il cherche quelque chose dans sa poche puis fixe un masque sanitaire sur son visage.

— Qu'est-ce que tu fous avec ce truc sur la figure ?

— Je commence à flipper avec cette histoire de Coronavirus. Je préfère me protéger.

— J'ai lu un article sur Wuhan. Ça paraît fou de fermer une ville entière pour quelques dizaines de malades ! Mais au moins ça va limiter la diffusion du virus. T'as rien à craindre, ici, Mark.

— Si c'est aussi contagieux qu'ils le disent, tu crois vraiment qu'une ville comme New York sera longtemps à l'abri ? À mon avis le virus est déjà là.

— Tu t'inquiètes pour rien. On nous a déjà fait le coup avec le Sras et la grippe A.

— Chacun ses névroses, répond Mark en rajustant son masque.

Un peu étourdi par cette conversation, Antoine regarde s'éloigner le taxi de son ami. Quelques flocons de neige commencent à tomber. Il est 9 heures du matin. Il y a trois mois, jamais il n'aurait réussi à lever Mark de si bonne heure. Et encore moins à lui faire traverser New York en taxi pour courir 12 kilomètres. Le type est transformé. En souriant, Antoine se dit qu'il a un avenir comme coach sportif. Personal trainer à 200 dollars l'heure : ça, au moins, c'est un plan simple à mettre en œuvre.

Pour l'instant, il doit se dépêcher de rentrer et avancer sur son projet. Il faut tout revoir en détail, à l'aune des conseils inattendus de Mark. *Rédige le meilleur dossier possible, puis prends l'oseille et tire-toi !* Il va traiter un à un les points soulevés par Damien, améliorer sa présentation, traîner sur LinkedIn à la recherche d'un vrai-faux profil de futur associé. Pourquoi devrait-il avoir des scrupules à se servir dans la caisse si tout le monde le fait ? Son objectif est clair : convaincre Damien et ses acolytes de payer pour prendre une option sur son idée. Un tour pour voir, comme au poker. Pour la suite, on verra bien. Personne n'est à l'abri d'un succès.

Dans l'après-midi, il ira récupérer Chloé à la sortie de l'école. Quel plaisir de la voir le chercher du regard quand elle descend avec sa classe ! Son visage s'illumine dès qu'elle l'aperçoit au milieu des mamans. Ensuite, comme d'habitude, ils traverseront York Avenue pour acheter un croissant au Nutella au Café français. Il en prend toujours un pour lui aussi. Tant pis pour l'huile de palme.

Gabrielle l'accompagne rarement. Son engouement pour la lutte contre les violences faites aux femmes a rempli son agenda comme celui d'un ministre des Finances. Plus de temps mort. Le projet de gala se concrétise et elle ne lâche plus d'un pouce sa copine Inès et une certaine Dakota. Son niveau d'anglais a progressé rapidement au cours des dernières semaines. Elle parvient à rédiger seule le témoignage de victimes de violences domestiques ou d'agressions sexuelles avant de transmettre la plainte à la police.

Au début, Antoine admirait son implication. Dans toutes les affaires de violence sexuelle et d'emprise qui sortent dans les médias, les victimes commencent à peine à être entendues et les prédateurs continuent à s'en sortir trop facilement. Ces femmes méritent d'être enfin soutenues. Il l'encourageait à aller plus loin, fier de son courage et de son engagement. Mais depuis quelque temps les paroles généreuses de Gabrielle ont pris une tournure martiale qu'il ne peut plus approuver. Elle répète mot pour mot, il en est certain, les éléments de langage de cette dingo de Dakota. Cette fille travaille comme sensitive reader dans une grande maison d'édition. Elle est chargée d'éplucher les textes avant leur publication, traquant chaque mot qui pourrait être jugé offensant par les minorités ethniques ou sexuelles. Quand Antoine évoque le retour de l'Inquisition et de la censure, Gabrielle se contente de répondre avec mépris qu'il a la trouille de voir son petit monde patriarcal prendre l'eau. Au fond de lui, il soupçonne son épouse de s'accrocher à cette Dakota pour profiter de ses contacts dans l'édition. Encore faudrait-il qu'elle se mette sérieusement à écrire son fichu roman.

Pour le moment, elle s'agite de réunions en conférences où tous les hommes sont globalement pointés du doigt comme des agresseurs potentiels. Elle a même osé insinuer qu'il l'avait emmenée en Amérique pour la rendre dépendante économiquement et mieux la contrôler. Effaré, il a pris le parti de se taire et de ne plus jamais mettre le sujet sur la table, quitte à s'entendre reprocher cette fois son désintérêt phallocentrique. Ça tombe bien, il doit se concentrer sur la présentation de son projet de start-up. Leurs comptes bancaires sont presque vides.

The Pitch

Antoine marche d'un pas conquérant vers le WeWork de Tribeca où il a réservé une salle de réunion pour présenter *Echoes* à deux investisseurs, des relations de Damien. En souriant, il se dit que son projet est cohérent, compétitif et malin. L'intelligence artificielle sera le grand sujet des années à venir. Ces types devraient mordre à l'hameçon et le sortir du bourbier en réalisant peut-être, par la même occasion, une excellente affaire.

La neige scintille au soleil et commence déjà à fondre. Les camions à ordures, transformés en chasse-neige, ne ramassent plus les poubelles et les trottoirs sont envahis d'énormes sacs noirs, pour la plupart éventrés par les rats. La gestion des ordures de cette ville demeure un mystère. Il remonte son col. Comme d'habitude il vérifie deux fois à gauche et trois fois à droite avant de traverser et s'élance, évitant de mouiller ses Stan Smith toutes neuves. En enjambant une flaque pour atteindre le trottoir, il plonge le pied dans une eau sale et gelée qu'il avait prise pour de la neige compacte. Il secoue la jambe, amusé. Rien ne pourra le ralentir ou le décourager aujourd'hui.

Arrivé devant l'immeuble, il se recoiffe rapidement, étudie son meilleur sourire et monte au 10e étage. Les autres seront là d'ici trente minutes. Juste le temps de boire un café et de relire une dernière fois sa présentation. Il n'a négligé aucun détail. Plusieurs répétitions, seul devant la glace, puis face à Gabrielle ou même Chloé. La bonne chemise, décontractée et chic. Les baskets parfaites. Une barbe de trois jours. Il est prêt à affronter les requins de la finance new-yorkaise. Juste avant leur arrivée, il file se masturber aux toilettes mais s'arrête avant l'orgasme, histoire de rester combatif avant de monter sur le ring. Il a repéré cette technique dans un film de Scorsese.

Les deux financiers accompagnés par leur avocat d'affaires arrivent avec Damien. Le plus âgé des investisseurs est vêtu d'un costume gris à rayures classique et d'une paire de Crocs turquoise portée pieds nus, malgré la neige et les températures glaciales. L'autre type, plus jeune, colle à l'image que se faisait Antoine d'un VC de la côte Est. Costume noir ajusté, tee-shirt Off-White, paire de Jordan rouge et noir, certainement une série limitée. Les deux hommes restent assez silencieux pour des Américains.

Après les présentations orchestrées par Damien, Antoine se lance en démarrant par cinq chiffres percutants aptes à faire rêver n'importe quelle société de capital-risque, puis enchaîne :

— *Echoes* est une application mobile dédiée à la formation continue des cadres supérieurs. Absolument unique sur un marché de plusieurs milliards de dollars. Propulsée par une intelligence artificielle de pointe…

Sans un mot, l'investisseur en Crocs sort un revolver de sa sacoche et le pose calmement sur la table, entre son téléphone et une tasse de café. Antoine s'interrompt, se tourne vers Damien, qui tente de le rassurer d'un demi-sourire, lui-même assez décontenancé pour une fois.

— Juste au cas où tu me ferais perdre mon temps, précise le type en désignant le flingue, avec un rictus méchant.

L'avocat se tortille dans son fauteuil, mal à l'aise. Prudent, il préfère éviter les ennuis et se croit obligé d'ajouter qu'il s'agit d'un pistolet à eau. Parfaitement imité mais tout à fait inoffensif.

— Rassurez-vous, tout va bien. Nous sommes entre gens de bonne compagnie.

— Hé, l'avocat ! Vous auriez pu laisser cette blague traîner plus longtemps, s'énerve le type avant de lui tirer une bonne giclée d'eau en plein cœur.

Damien éclate de rire, félicite l'investisseur pour la précision de son tir puis fait signe à Antoine d'enchaîner sans se laisser démonter. L'autre type, le plus jeune, ne dit rien. Pas un sourire, pas une parole. Il a ouvert un sachet d'amandes et en attrape une toutes les trente secondes. Il la mâche lentement sans quitter Antoine des yeux. Ça ne doit pas être la première fois que ces trois-là jouent à ce petit jeu. Ça sent la mise en scène à plein nez.

— Pour devenir personnalisée, *Echoes* demande à l'utilisateur de raconter, à l'oral et en langage naturel, ses objectifs et les points de difficulté rencontrés au cours de la journée. Une minute maximum. Tous les jours pendant une semaine. C'est aussi simple que ça.

Alors qu'Antoine déroule les avantages de son application, le flingueur a reculé sa chaise pour poser sa cheville droite sur son genou gauche. Il a retiré sa Crocs et, du manche de sa petite cuillère, il gratte une à une les plaques rouges d'un eczéma purulent qui lui dévore le pied. Avec difficulté, Antoine essaie de continuer à le regarder dans les yeux.

— À la manière de Waze, *Echoes* propose le meilleur chemin pour franchir les étapes du succès, suggère la conduite à tenir pour gravir les échelons de la hiérarchie, les bons contenus pour rester performant.

Le type s'arrête de gratter lorsque Antoine démarre la partie chiffrée de sa présentation. Un tas répugnant de peaux mortes est tombé sous sa chaise. Il fait signe à Antoine d'attendre, le temps qu'il remette sa chaussure, change de position et attaque le décapage du pied gauche. D'un geste de l'index, il lui signifie être concentré de nouveau.

— L'abonnement est payé par l'entreprise, 19 dollars par mois et par personne. Avec seulement 20 000 abonnés, nous générons plus de 4 millions de chiffre d'affaires. À horizon de trois ans, nous estimons que le million d'utilisateurs reste un objectif modeste.

Le reste de la présentation n'est plus qu'une formalité. Les types ne laissent rien paraître mais Damien est convaincu que la longue séance de questions-réponses prouve leur intérêt pour le projet. Une fois qu'ils se retrouvent seuls, il prend le temps de féliciter son poulain.

— Quel effet ça te fait d'être bientôt millionnaire, *American boy* ? Tu les as fucking bluffés tous les deux. Et pourtant ces mecs sont bons et blasés. Crois-moi, ils vont vite dégainer les dollars, je sens déjà l'odeur du pognon. On va fêter ça ce soir !

No Way, José !

L'entrée du club réservé par Damien à Williamsburg est camouflée derrière un restaurant sans intérêt. Antoine et Gabrielle sont passés plusieurs fois devant sans la remarquer. À l'intérieur, d'énormes enceintes accrochées aux quatre coins de la pièce envoient du funk américain des années 1970 dopé par un mix d'électro. Pour rejoindre la table, ils se fraient un passage à travers la piste de danse, large rectangle de plaques de verre rétroéclairées dans un style vintage très *Saturday Night Fever*. Une faune fiévreuse et connectée s'agite, téléphone à bout de bras, la caméra tendue bien haut vers le DJ.

Damien est déjà installé avec deux autres couples sur une banquette circulaire autour d'une table basse débordant de bouteilles de gin et de tequila. D'emblée, Gabrielle adore cet endroit, temple glamour idéalement agencé pour célébrer la fin de leurs ennuis. Damien prend les choses en main tout de suite.

— Voilà les plus beaux ! Venez près de moi, un de chaque côté. Poussez-vous, les filles. Gin-to pour tout le monde ? Frank, va chercher de la glace pour nos amis. Dépêche-toi, bro.

Antoine reconnaît l'un des deux hommes. Ils ont joué ensemble au poker il y a plusieurs mois. Un type aux gros bras qui perçait à la télé et dont il a tout à fait oublié le nom. Une vie entière semble s'être écoulée depuis cette partie. D'ailleurs, le type n'a pas l'air de se souvenir de lui.

Damien a cette mine très excitée qu'Antoine commence à connaître. L'odeur vinaigrée de sa transpiration l'assaille, typique des gros consommateurs de coke. Son ami se lance dans une discussion joyeuse et décousue avec Gabrielle. La musique est trop forte pour qu'Antoine parvienne à saisir le moindre mot de leur échange, mais ils ont l'air de beaucoup s'amuser. Alors il se tourne vers ses voisins de gauche et tente, en souriant, de raconter à la fille comment son copain l'a plumé de 10 000 dollars lors d'une partie de poker en octobre.

Damien remplit les verres plus vite qu'ils ne se vident. Il est le seul à tourner aux shots de tequila. Il se penche vers Antoine et lui fait signe d'approcher.

— Les mecs vont signer, c'est confirmé depuis une heure. Encore bravo, mon pote !

— C'est grâce à toi.

— Arrête avec ça, on a dépassé le stade des préliminaires tous les deux, t'es plus obligé de m'envoyer des fleurs. Raconte-moi plutôt le premier truc que tu vas te payer quand tu seras riche ?

— Aucune idée… J'ai pas vraiment réfléchi à ça. Gabrielle rêve d'emménager *downtown*, alors peut-être un appartement.

— Et pourquoi pas un plan épargne retraite pendant que tu y es ? Sans déconner, t'as rien de plus excitant à me proposer ?

— J'ai pas besoin de grand-chose. Toi, tu ferais quoi ?

— Moi ? Sans hésiter, le premier truc ce sera de baiser ta femme.

— Super drôle, Damien. Vraiment, je suis mort de rire. Faudrait penser à freiner sur la tequila.

— Fais pas ta farouche, *American boy.*

— Tu sais que ça ne m'amuse pas ce genre de blague.

— T'es jaloux, c'est ça ? T'inquiète, j'aimerais bien te baiser toi aussi ! ajoute-t-il en l'embrassant, poisseux et moqueur. Alors, elle prend combien Gabrielle ?

Ils auraient pu en rester là. Continuer à blaguer toute la nuit. Boire des coups. S'imaginer sur le toit du monde. Mais Antoine ne veut pas laisser passer cette remarque, persuadé que Damien dit vrai.

— Ça suffit ! Laisse Gabrielle en dehors de nos histoires. Je suis sérieux, Damien, arrête.

Surpris par sa réaction, Damien le regarde fixement. Une lueur sauvage et effrayante s'est allumée dans ses yeux.

— Ça sent le combat de coqs ou je me trompe ? J'adore ce jeu. *Now we're talking !*

— J'ai aucune envie de jouer. On est là pour faire la fête. Profitons de la soirée.

— Justement, un plan à trois, ça te tente ? Tu pourrais nous regarder. Tu sais qu'elle a l'air grave partante ? J'aurai peut-être même pas besoin de la payer.

— Mais merde ! Qu'est-ce que tu cherches à la fin ? D'où ça sort ces conneries avec Gabrielle, d'un seul coup ?

— Sûrement de sa manière délicate de retirer ma main quand je la glisse un peu haut sous sa jupe. T'as remarqué ? Certains refus ressemblent étrangement à des invitations à aller plus loin.

— Joue pas à ça. Pas avec Gabrielle. Je t'aurai prévenu.

— J'ai jamais été aussi sérieux…

Damien se tourne vers Gabrielle en souriant. Elle lui retourne aussitôt un magnifique sourire, heureuse d'être là, et pose la main sur son genou pour le remercier encore de cette soirée.

— Tu vois ? Elle attend que ça. Regarde comme elle me caresse. Elle démarre au quart de tour, c'est magique !

— Ne gâche pas tout, Damien.

— Moi ? J'ai rien à gâcher. Rien à perdre. Juste une furieuse envie de te voir te branler pendant que tu nous regardes. Tu veux que je lui demande si tu peux venir ?

Antoine le dévisage longuement, en silence. Comment tout a pu déraper si vite ? Le mieux est de partir. Tout de suite. Avec Gabrielle. Sans faire d'esclandre. Ne pas répondre aux provocations. Damien est hors de contrôle, mais il aura tout oublié demain matin. Il est encore temps de sauver les meubles.

Antoine fait mine de se lever. Damien appuie aussitôt sur son bras, lui intimant l'ordre de ne pas bouger.

— On ne quitte pas la table au milieu d'une partie, partner. Tu te rassieds près de moi et tu relances le game.

Les deux hommes se regardent en silence. Le niveau sonore a encore monté. Le DJ vient d'envoyer du rap des années 1990. Un classique de Tupac déchaîne les danseurs. Antoine vide d'un trait son troisième gin-tonic. Il doit réussir à foutre le camp au plus vite.

Damien entoure les épaules de Gabrielle et l'embrasse sur la joue.

— Ça me fait tellement plaisir que vous soyez là. On est bien tous les trois, pas vrai ma chérie ?

Gabrielle l'embrasse à son tour en riant.

— Carrément ! Merci d'organiser tout ça, Damien.

D'un signe amusé et discret, elle indique à Antoine que leur ami a largement abusé de la tequila et sûrement d'autres substances. Un peu d'activité serait bienvenue.

— Vous venez danser, les garçons ? J'adore ce morceau !

Personne ne répond. Damien se tourne vers Antoine et reprend, plus doucement :

— Perso, j'aime autant qu'on fasse ça juste tous les trois. Ta femme aussi. Elle vient de me le confirmer. Mais si tu préfères les plans à quatre, pas de problème. J'ai envie de te faire plaisir, mon pote. T'as l'air tendu.

— Je vais rentrer, Damien.

— Elle te plaît ta voisine ? *Be my guest.* Je la connais, elle se joindra à nous sans discuter. Elle sucerait son père pour quelques rails de coke.

Puis il sort des cachets de sa poche, en avale un et en tend un autre à Antoine.

— Tiens, gobe ! Avec ça on va bander toute la nuit. Vas-y, c'est le moment de me montrer ce que t'as dans le ventre.

D'un geste violent, Antoine dégage la main de Damien et fait voler le cachet, renversant plusieurs verres au passage. Les conversations s'arrêtent aussitôt. Gabrielle l'interroge, sans comprendre :

— Ça va, Antoine ? Qu'est-ce qui se passe ?

L'un des amis de Damien semble prêt à intervenir. Ce dernier le calme d'un regard.

— *No worries, bro.* Tout est sous contrôle.

Glacial, il se tourne vers Antoine, l'air mauvais.

— Ne recommence jamais ça. Tu ne me touches plus, t'as bien entendu ? *Never.*

Antoine se lève et tente de s'extirper de la banquette, bousculant au passage les genoux des autres convives. D'un geste brusque il repousse la table de sa jambe et renverse à nouveau quelques verres. Il tend la main vers sa femme, l'incitant à le suivre. Sans le quitter des yeux, Damien balance son bras devant le corps de Gabrielle pour l'empêcher de bouger.

— *No way, José !* Elle reste avec moi. Et à ta place je reviendrais tranquillement ici. Sinon tu devras aller chercher un autre pigeon pour tes projets. T'es prévenu.

— On rentre, Babs. Damien, pousse ton bras.

— On vient à peine d'arriver…, tente Gabrielle. Qu'est-ce qui se passe ? On n'a même pas encore dansé.

— Gabrielle, viens. Maintenant.

Tout le monde les regarde en silence, intrigué ou amusé selon les convives. Damien soupire puis retire son bras pour laisser filer Gabrielle. Puis il prend la parole, à voix haute et en anglais, à destination du groupe :

— Mes amis, vous avez la chance d'assister à un événement assez rare. Une explosion en plein vol. Un suicide au sommet. C'est triste, mais putain c'est quand même assez beau.

— Allez, reprend Antoine. On y va. Tout de suite.

Gabrielle finit par se lever pour rejoindre son mari.

— Tu es sûr de toi ? lui demande-t-elle à voix basse, affolée. Je te rappelle qu'on ne peut pas franchement se permettre de faire n'importe quoi.

Elle se tourne vers Damien, à la recherche d'un signe d'apaisement. Il se contente d'un sourire narquois et d'un haussement d'épaules, l'air de dire : « Tu sais, moi, je n'y suis pour rien. » Puis il regarde Antoine les yeux dans les yeux et clame d'une voix forte :

— Si tu peux voir détruire l'ouvrage de toute une vie et perdre en un coup le gain de cent parties… Un truc dans le genre. Kipling, tu connais, j'imagine ? C'est bien, tu seras un homme, Antoine. Foutu, grillé. Mais tu pourras être fier de toi, seul comme un con. Dégage, maintenant, t'es pas au niveau.

— Vous n'allez pas vous quitter comme ça…, tente Gabrielle. Antoine, dis quelque chose, merde !

Antoine lui attrape la main et s'éloigne sans se retourner.

Damien ne les regarde pas partir. Il attrape la bouteille de tequila, boit une longue gorgée au goulot, grimace, la repose violemment sur la table et murmure :

— *Adios, American boy.*

www.lesmouliere-a-newyork.com
Post #12 – mercredi 12 février 2020

Hi everyone,
Grande nouvelle, nous avons fixé la date du dîner de charité que nous organisons pour Living With the Enemy. Les Américains appellent ça un gala. Si quelqu'un m'avait dit qu'un jour je monterais un gala à New York… Six mois après notre arrivée, en plus. Bon, d'accord, je n'y suis pas pour grand-chose. Inès y travaille depuis longtemps, mais quand même je suis très fière de nous. Nous avons trouvé un endroit pouvant accueillir 200 personnes le 16 avril. Presque toutes les réservations sont bouclées entre nos amis, la communauté française élargie et de nombreuses entreprises qui ont acheté des tables pour leurs salariés. Nous espérons lever 500 000 dollars. Ça paraît fou, mais ce type d'événement apporte beaucoup d'argent. Les associations

ne vivent que des dons et tout peut être défalqué des impôts.
Je croise les doigts pour que tout aille bien jusque-là.
Ici, plus moyen de croiser quelqu'un sans parler du Coronavirus. Antoine et moi avons du mal à nous inquiéter de cette maladie, qui semble cantonnée à l'Asie. Mark, un copain d'Antoine, est très inquiet. Il est persuadé que la peste et le choléra vont nous tomber sur la tête dans les jours qui viennent ! Pourvu que ça ne perturbe pas notre grande soirée.
Et vous, à Paris, comment ça se passe ? Je lis beaucoup de choses dans la presse française, mais, entre vous, au travail ou à la maison, c'est déjà une réalité ou encore l'exagération des chaînes d'info en quête d'audience ? Donnez-moi des nouvelles et *stay safe*, comme ils disent ici.

Je vous embrasse tous,

Gabrielle,
+ Antoine et Chloé

Charity

— Je ne sais pas ce qu'on va foutre là-bas. Tu crois vraiment qu'on a les moyens de traîner dans ce genre d'événement ?

— Babs, je te l'ai dit cent fois, on est invités ! Édouard a pris une table. On est avec des gens du lycée, ça va être sympa. Et c'est une super occasion pour toi de voir en vrai comment ça se passe, un gala. Vous avancez avec Inès sur votre projet ?

— Tout est presque bouclé, heureusement. Grâce à Dakota, d'ailleurs, elle nous a beaucoup aidées. Cette fille est vraiment géniale. Quel dommage qu'elle ne soit pas là !

— Tu sais que j'ai dû me taper deux heures à écouter les fanfaronnades d'Édouard pour être invité ce soir ? Il m'a montré une à une toutes les putains de photos des appartements qu'il vend. Je crois que ça marche très fort pour lui. Il paraît qu'il est dans le top 10 des plus gros brokers de New York. La table lui a coûté 20 000.

— C'est le tarif… On n'aurait jamais dû accepter de venir.

— Où est le problème ?

— Le problème, Antoine, c'est qu'il s'agit d'un gala de charité, pas un dîner entre amis. Et, justement, parce qu'on est invités, on est censés participer et donner de l'argent. Tu as du blé planqué pour enchérir sur des boucles d'oreilles Cartier ou un week-end aux Bahamas ?

— Personne ne remarquera rien, ils seront trop occupés à frimer. Donc interdit d'enchérir sur quoi que ce soit, tu m'entends ? On n'est pas venus pour ça.

Gabrielle le regarde, agacée de recevoir des ordres. Qu'il se débrouille pour gagner de l'argent s'il veut absolument aller à ce genre de dîner de privilégiés.

— Babs, je te rappelle l'objectif de ce soir : on ne quitte pas ce fichu gala avant d'avoir chopé deux rendez-vous pour présenter mon projet. Nous devons être irrésistibles.

— On va surtout choper le Coronavirus, si tu veux mon avis.

— T'as un masque ?

— J'ai passé une heure à me maquiller. Si tu crois que je vais cacher tout ça sous un masque…

— Tiens, Hudson Yards. C'est notre station ! Viens, on descend.

Le gala est organisé au 100e étage d'une nouvelle tour. La salle de réception, immense, se prolonge par une terrasse vertigineuse, suspendue 300 mètres au-dessus de la ville. Le sol vitré donne littéralement l'impression de flotter. Edge ouvrira ses portes au public dans quelques jours et ce dîner est une avant-première excitante même pour les plus blasés. Malgré le froid, chaque invité tient à se faire photographier sur la terrasse, sans manteau et avec le sourire.

Dans la salle, les femmes rivalisent d'élégance ou d'originalité, s'affichant dans la dernière création d'un couturier de Madison Avenue. Toutes ne parviennent pas à toucher la grâce. Passé 40 ans, dans ce genre de milieu, une New-Yorkaise sur deux a déjà fait la fortune de son chirurgien esthétique et commence à ressembler aux frères Bogdanov. Du côté des hommes, le défilé des silhouettes clonées à smoking impeccable, sourire carnassier et coupe courte, est nettement moins distrayant.

Antoine retrouve tous les seigneurs rencontrés au Café français, cette fois flanqués de leur épouse. Stanislas, au *board* de la Homeless Mission, est l'un des organisateurs de la soirée. Édouard a payé la table. Emmanuel, George, Julien, Gaspard et Antoine ont été invités pour soutenir l'association en se délestant de quelques milliers de dollars défiscalisés. Certains refusent de faire la bise et préfèrent tendre le coude. D'autres, bravaches, se moquent du virus, qu'ils estiment encore loin des côtes américaines. Des dizaines de serveurs font le tour des tables, une bouteille de bordeaux rouge dans une main et de bourgogne blanc dans l'autre. Sans la moindre considération pour les gestes barrières dont les médias commencent à parler en continu, les chaises Napoléon III made in China louées pour l'occasion sont collées les unes aux autres, et Antoine doit serrer ses bras contre son buste pour éviter de toucher ses voisines. La table déborde de vaisselle et de couverts qui lui laissent peu de place pour poser ses mains. Il croise les bras, puis se souvient d'un article sur la communication corporelle. Ce genre d'attitude guère engageante n'est pas recommandé dans le cadre d'une négociation commerciale. Et, comme il est venu ce soir avec l'unique objectif de faire du business, il glisse ses mains sous la table, sourit et tente de se joindre à l'une des nombreuses discussions.

La pandémie est dans tous les esprits, mais les conversations restent légères, de l'entraînement au marathon aux vertus de la cryothérapie en passant par la météo à Saint-Barth début avril, la difficulté de réserver une table dans le nouveau restaurant d'Ignacio Mattos sur Spring Street ou la valorisation boursière délirante de Tesla.

Les enchères commencent avant le dessert, avec une caisse de Krug millésimé. Le commissaire-priseur est très élégant. La petite cinquantaine bien entretenue, drôle, cultivé, un mot flatteur pour une célébrité présente dans la salle, un clin d'œil complice pour une autre. Chaque convive dispose d'une pancarte numérotée qu'il doit lever quand il souhaite enchérir sur un lot. Les plus discrets peuvent miser directement sur leur téléphone. Chaque attribution est applaudie par toute l'assemblée.

Entre deux enchères, Antoine parvient à parler de son projet à Gaspard. Grâce à son job, il possède le réseau nécessaire pour le connecter avec des gens puissants. À nouveau, Antoine se sort plutôt bien de son argumentaire. Il a bossé son *pitch-elevator* avant de venir. Trente secondes pour convaincre un financier. Le temps d'un trajet en ascenseur. La réaction de Gaspard n'est pas exactement celle qu'espérait Antoine.

— Le mieux, c'est de voir Damien. Tu le connais, non ? Si tu veux lever de l'argent auprès des Français, il est incontournable. Perso, je fais tous mes *invests* avec lui. Mais, excuse-moi, je dois rester concentré. Je ne peux pas laisser passer ce sac. Exactement le Vuitton que Sophie veut pour son birthday.

Il lève bien haut sa pancarte. Grand sourire à toute la table. Regard de frimeur et clin d'œil appuyé à sa femme. Antoine observe la sienne. Gabrielle est assise à côté de George et ils ont l'air de beaucoup s'amuser. Ce type connaît tout le monde et brasse des dizaines de millions de dollars. Avec Gaspard, ils sont ses deux targets de la soirée. Maintenant qu'il peut dire adieu à Gaspard, George reste son dernier espoir. Antoine doit réussir à l'approcher, mais impossible de bouger avant la fin des enchères. Déjà qu'il n'a pas touché à sa pancarte… Il trépigne d'impatience sur sa chaise.

À 22 heures précises, George se lève, suivi de son épouse. Ils envoient des baisers de loin à toute la table, puis il vient serrer l'épaule d'Édouard pour le remercier de cette invitation. La voisine d'Antoine remarque que celui-ci jette un œil surpris à sa montre.

— George est une machine. Il quitte les dîners au plus tard à 22 heures, et quoi qu'il arrive il dort à 23 heures. Je le connais depuis quinze ans, rien ne le fera jamais changer. Ce type a une discipline de fer.

Antoine regarde le couple s'éloigner. Sa dernière chance s'est envolée. Ce n'est ni auprès du marchand d'art ni du vendeur immobilier qu'il trouvera un soutien financier pour remplacer Damien. Découragé, il fait un signe de tête à Gabrielle pour indiquer qu'il est temps de partir. Dans le métro, il devra être direct. Impossible de rester à New York un mois de plus.

Elle a voulu prendre un taxi. Hors de question de galérer en métro à cette heure. Et elle a passé l'âge de rentrer à pied. À peine installé, Antoine se lance. Cette soirée a été un fiasco, il faut appeler un chat un chat. Gaspard travaille avec Damien et George était inaccessible. Il a essayé, il a échoué. Elle doit l'accepter. Il leur faut plier bagage et rentrer à Levallois. Elle retrouvera son boulot d'enseignante et lui va batailler pour réussir à se faire embaucher par une banque ou un cabinet privé. Avant de le laisser continuer, Gabrielle lui caresse la joue en souriant.

— George a adoré ton idée. Il est rapide. Il a percuté tout de suite. Je lui ai passé ton numéro de téléphone.

Shark Tank

— Écoute-moi bien, Antoine. George m'a appelé au milieu de la nuit. Il sortait de votre gala de pingouins. Le nord de l'Italie est confiné depuis quinze jours. Bientôt tout le pays. Le reste du monde va suivre dans les semaines qui viennent, c'est fucking arithmétique. Je prends l'avion aujourd'hui, avant d'être bloqué en France. On se voit demain première heure, mais voilà le topo. Non, laisse-moi finir ! Les écoles vont fermer, aux US, en Europe et ailleurs. C'est écrit. D'après les contacts de George, le temps de mettre au point et déployer un vaccin, il va s'écouler plusieurs mois. Peut-être un an. L'idée est de faire pivoter ton projet. On oublie la formation et les entreprises. On lance une app dédiée à l'éducation à distance, sur les bases de ton deck, mais pour les élèves et les étudiants. Toujours boostée par l'IA. La commercialisation auprès du ministère et des écoles démarre right now. On a cent jours pour développer le bébé. Top chrono ! George et moi, on prend 45 % chacun. J'ai réussi à négocier 10 pour toi. Mais autant le dire tout de suite : tu sors du projet. J'ai insisté pour que tu restes à bord, en mode opérationnel, mais rien à faire. George est genre *dea-dass* concerné par le truc. Il a déjà contacté une équipe de développeurs et le futur chief digital officer. Je te préviens, ne cherche pas à nous attaquer. En travaillant avec des écoles, le projet devient très différent. Et puis, vu les honoraires des avocats ici, t'as pas les moyens de nous emmerder. Dix pour cent, tu peux déjà t'estimer heureux. Dans trois ans ça va rapporter gros. Voilà, c'est à prendre ou à laisser. Moi, j'y vais pour George. Ça ne m'excite pas, vos histoires d'éducation. Je suis sur un projet plus marrant au Canada. Une ferme de minage de bitcoins qui recycle la chaleur des ordinateurs pour faire pousser du cannabis. *That's a fun game !* Bref, si tu es partant pour 10 % sans rien foutre, rendez-vous demain matin, 9 heures, à mon bureau. George et les avocats seront là. Et j'aurai un chèque de 30 000 pour toi. De ma poche. Pur perso. Pour te prouver que tout est pardonné. C'était un jeu mais t'as rien compris. T'aurais jamais dû quitter la table. Mais je sais aussi que j'ai poussé le bouchon un peu loin.

Avant de raccrocher, Damien ajoute :

— Antoine, une dernière chose avant d'oublier : *Echoes*, ça craint. *Forget about it.* On change le nom. Tu nous trouves un truc plus kiffant avec « edu » dedans. Tu nous dois bien ça.

Antoine se tient immobile, incrédule, le regard perdu sur l'écran noir de son iPhone. Quelle bande d'enfoirés ! Puis il calcule rapidement. Trente mille dollars. De quoi envisager de tenir deux mois de plus. Pas la peine de raconter tous les détails à Gabrielle. Il lui envoie un message aussitôt.

Back to business. The world is ours. Shine Babs, shine. On reste !

Suivi d'un émoji, deux mains jointes en signe de prière ou de remerciement.

www.lesmouliere-a-newyork.com
Post #14 - jeudi 12 mars 2020

Hi everyone,
Vous avez dû entendre la nouvelle hier soir, Trump a décidé de fermer les frontières américaines. Décidément, je ne sais pas quand vous allez pouvoir nous rendre visite, ni quand nous pourrons traverser à nouveau l'Atlantique…
Mais à quoi bon devrais-je faire semblant plus longtemps et continuer à me désoler devant vous ? Je préfère être franche. Le Covid représente une immense opportunité pour nous, et objectivement cette pandémie ne pouvait pas mieux tomber. Les écoles ferment les unes après les autres. Des millions d'élèves seront cloîtrés chez eux… La boîte d'Antoine promet d'être un énorme carton. Le malheur des uns, bla bla bla…
Je dois vous paraître cynique ou amorale, mais vous n'avez pas la moindre idée des mon-

tagnes russes par lesquelles je suis passée depuis notre arrivée. Après tous les mensonges d'Antoine, nos tourments, les frayeurs et les larmes, il était temps que tout cela cesse. L'argent va enfin couler à flots. Nous repartons sur des bases solides, heureux de vivre dans ce pays et d'y bâtir une nouvelle vie. Je vais pouvoir respirer et me concentrer sur mes projets.
Bien sûr, le Covid m'oblige à annuler notre dîner de charité pour Living With the Enemy. Nous devons nous concentrer sur le terrain. Si les femmes dont nous nous occupons se retrouvent enfermées toute la journée avec leur dingo de mari, il va y avoir du sport, croyez-moi ! Coups et blessures à tous les étages. Par chance, Dakota est plus présente que jamais à mon côté. Pas comme Inès, qui ne pense qu'à se carapater pour se mettre à l'abri en Provence et se gave de zinc en attendant son avion. Elle m'a avoué n'être plus en phase avec certaines participantes de l'association. « On est en train de basculer vers un groupuscule militant anti-mecs. » J'ai bien vu à quoi elle pensait, même si elle n'a pas prononcé le nom de Dakota. Décidément, cette fille ne laisse personne indifférent.
Vous savez qu'elle est devenue ma source d'inspiration principale pour incarner l'héroïne de mon roman ? Un grand livre générationnel post-#MeToo. Le récit flamboyant d'une prise

de conscience collective et irréversible. J'ai déjà mon titre. *Woke*. Tout simplement. Je vois d'ici la couverture avec les quatre lettres en capitales, légèrement gaufrées.
Je ne me suis jamais sentie aussi forte.

Gabrielle,
+ Antoine et Chloé

Gabrielle aimerait tellement voir la tête effarée des membres de leur famille et de leurs amis à la lecture de son message ! Elle doit se retenir pour ne pas cliquer sur *Publier*. En soupirant, elle sélectionne son texte et appuie sur *Supprimer*, ne conservant que les premières lignes. Elle reprend l'écriture, fidèle au style habituel de son blog, veillant à ne pas s'enflammer.

Hi everyone,
Vous avez dû entendre la nouvelle hier soir, Trump a décidé de fermer les frontières américaines. Je suis consternée. Décidément, je ne sais pas quand vous allez pouvoir nous rendre visite ! Ni quand nous pourrons enfin rentrer chez nous. Avec Antoine qui vient de mettre sa start-up sur les rails, nous n'allons pas prendre le risque de quitter le pays maintenant. Nous voici à nouveau bloqués. Vous nous manquez tant !
Le Covid va probablement faire décoller SmartEdu.com plus vite que prévu. À quelque chose malheur est bon, comme le dit le pro-

verbe. Mais nous avons du mal à nous réjouir sans arrière-pensée. Les écoles ferment les unes après les autres. C'est une tragédie pour ces millions d'élèves qui vont se retrouver sur le carreau. Grâce à l'application d'Antoine, ils pourront continuer à suivre leurs programmes scolaires. Tant mieux, mais c'est peu de chose face à la multitude de drames qui se prépare ici. Le système de santé américain est impitoyable pour les plus démunis. Cette pandémie va faire un carnage.
La mort dans l'âme, nous avons dû annuler notre dîner de charité pour Living With the Enemy. C'est un gros manque à gagner pour l'association cette année. Nous avons déjà planifié de nous y remettre en septembre.
Si New York est confiné, les femmes dont nous nous occupons seront bloquées chez elles toute la journée, avec mari et enfants. Le scénario catastrophe pour une montée en flèche des violences domestiques. Cela me préoccupe beaucoup.
Entre les actions préventives à mener sur le terrain et Chloé bientôt cloîtrée à la maison, je risque de ne pas chômer. J'espère pouvoir réussir à me garder un peu de temps pour écrire. Le roman avance, pas aussi vite que je le voudrais, mais je croise les doigts pour aller au bout. Après, nous verrons bien si mes histoires peuvent intéresser un éditeur.

Mes chéris, je suis si pressée de vous voir et de vous embrasser ! Les jours qui s'annoncent vont être difficiles pour le monde entier. Au moins, en France, les malades seront bien soignés.
Prenez soin de vous. Je vous aime,

Gabrielle,
+ Antoine et Chloé

Over My Dead Body

Times Square n'est plus qu'un immense carrefour abandonné. Même les super-héros qui prenaient la pose le temps d'une photo ont déserté les lieux. Captain America, Batman ou Hulk ont rangé leur costume. Qui viendra encore sauver New York ? Les rares personnes croisées le long des avenues semblent égarées. Des Afro-Américains, des Latinos, quelques vieux. Les Blancs de la finance ou de la tech ont disparu. Le silence n'est interrompu que par le son des ambulances qui traversent Manhattan pour secourir les mourants. Exsangue, Gotham City se vide et suffoque.

Mark et Antoine se sont retrouvés sur les rives de l'Hudson, au niveau de la 42ᵉ Rue. Ils ont délaissé Central Park pour leur jogging hebdomadaire. Le Mount Sinai, l'un des principaux hôpitaux de la ville, vient d'installer des tentes sur la pelouse d'East Meadow dans le centre du parc, pour accueillir les malades. Un hôpital de campagne sur un champ de bataille. Mark n'avait aucune envie de voir ça. Il a beaucoup hésité à sortir. D'abord parce qu'il ne se sent pas très bien depuis deux jours, et surtout parce qu'il supporte mal de voir sombrer ainsi

New York. Il avait prédit le désastre, sans penser que tout irait si vite. Sur la route pour rejoindre Antoine, il a assisté à des scènes qui lui ont rappelé la ville quand il y a débarqué il y a plus de vingt ans. Un vieillard s'est pissé dessus, des enfants s'improvisent laveurs de pare-brise et circulent au milieu des carrefours, quelques cinglés regroupés autour des poubelles en feu tentent de se réchauffer, une boutique de luxe a été vandalisée et partout des SDF se sont installés sous les échafaudages, allongés sur des matelas tachés. Où vivaient tous ces gens il y a quelques jours ?

La nuit tombe doucement sur New York. D'un commun accord, Antoine et Mark ont retiré leur masque pour mieux respirer. À cette heure, la piste réservée aux vélos et aux joggeurs est déserte. Pour éviter de croiser d'autres coureurs, ils ont préféré se retrouver après 19 heures. Mark se méfie des gouttes de sueur projetées dans les airs. Mal à l'aise, il se tourne vers Antoine tout en continuant sa course.

— Ce soir, c'est notre dernier run ensemble avant un bon moment. Je quitte New York demain.

— Quoi ? Non, Mark, pas ça... Je n'ai plus que toi ici.

Antoine s'est arrêté brutalement. Mark ralentit mais continue à trotter. Il fait signe à Antoine de le rejoindre.

— Non, tu as ta famille. Moi, je suis seul. Je dois prendre soin de moi.

— Où tu vas ?

— Dans ma maison de Sag Harbor.

— T'as une maison dans les Hamptons, toi ? Première nouvelle.

— Tu me connais, je préfère me tenir à distance de ces ghettos d'enfants gâtés. Je n'y vais que l'été, quand New York se transforme en fournaise invivable.

Il marque une pause, ralentit imperceptiblement sa course, puis reprend en regardant devant lui :

— Cette ville est en train de devenir une souricière dans laquelle vous allez vous retrouver piégés. Il faut bouger toi aussi.

L'image retourne le ventre d'Antoine, qui s'imagine comme un rat dans un labyrinthe, à tenter de fuir par tous les moyens, sa fille dans les bras et Gabrielle en pleurs. Mark continue :

— Je sais que c'est difficile à admettre pour des gens de notre génération. Les choses se sont toujours passées facilement pour nous. Ni guerre ni famine, globalement peu de violence et peu de drames. Mais le Covid sera notre guerre à nous. Mets ta famille à l'abri.

— Tu as vu le prix des maisons à louer dans les Hamptons ou en Floride ? La moindre bicoque pourrie est à plus de 50 000 dollars par mois. Les mecs sont devenus fous.

— La loi de l'offre et de la demande. Bienvenue en Amérique ! Sérieusement, tu ne crois pas qu'il est temps de rentrer en France ? Pourquoi t'acharner comme ça ?

— Je n'ai pas dit mon dernier mot. L'urgence, c'est de réduire les coûts. Notre loyer me fout dans la merde.

— Je préfère te le dire tout net avant que tu me le demandes : je ne peux pas vous héberger dans les Hamptons. La maison est grande mais je suis trop angoissé pour partager mon quotidien avec d'autres.

Les risques de contagion sont très importants. Et en plus, avec ta femme sous le même toit, on va s'écharper pour de bon.

Antoine préfère ne pas relever. Il n'a ni envie de se disputer avec Mark ni envie de défendre Gabrielle.

— Je suis fatigué depuis quelques jours, reprend Mark. Sinon je serais parti la semaine dernière.

— Tu crois que tu l'as chopé ?

— Non, rassure-toi. Et puis je voulais te dire au revoir avant de décamper. Réfléchis, camarade. On est en zone de guerre. Tu ne trouveras jamais de job dans ce bordel.

— Gabrielle ne veut pas rentrer, t'as pas l'air de comprendre !

— Faudra bien qu'elle s'y fasse. Dis-lui la vérité, pour une fois. Finis-en avec cette mascarade.

— Elle s'en fout pas mal de la vérité, si tu veux mon avis.

Les deux hommes continuent à courir en silence. Mark reprend, espérant changer le cours de la discussion.

— D'habitude je prends le bus pour les Hamptons et j'ai une voiture sur place. Mais là j'ai décidé de m'offrir le voyage en hélico. Pour réduire le temps enfermé.

— Comment t'as fait pour trouver un pilote ?

— Blade. C'est un genre d'Uber pour les hélicoptères. Ils décollent *downtown*. T'as pas remarqué le manège que ça fait là-haut depuis quelques jours ? Tous les puissants quittent le navire et se font exfiltrer par le ciel.

— Au moins je pourrai continuer à aller courir. Par rapport à la France, on a de la chance. Entre les attestations de sortie et l'interdiction de faire plus d'un kilomètre, on est quand même mieux lotis.

— Trump n'aurait jamais fait ça aux Américains. Il protège trop la liberté pour interdire les déplacements privés.

— Non mais tu ne vas pas encore le défendre !

— En tout cas, il a ouvert des lignes de crédit faramineuses pour la recherche. Il a raison, un vaccin est la seule…

Mark est brusquement interrompu par une violente quinte de toux qui le plie en deux. Il ne parvient plus à s'arrêter. Antoine hésite avant de s'approcher de lui. Mark lève la main, pour le maintenir à distance et lui signifier que la crise est en train de passer. Il reprend doucement son souffle et fait signe à Antoine de lui donner un peu d'eau.

— Merci. Ça fait du bien de boire un coup. La vache ! Elle était sévère celle-là.

— Maintenant, dis-moi la vérité. Tu es malade, c'est ça ?

— Je t'ai dit que non ! Mais j'ai cette intense douleur dans la poitrine. L'impression qu'on m'a lâché 300 kilos dessus.

— T'es en nage ! Tu veux que j'appelle les secours ?

— Attends, ça va passer. Laisse-moi souffler. J'ai du mal à respirer mais ça va. Un genre de gros point de côté.

— Ne bouge pas, je cherche un taxi.

— Je vais me poser deux secondes. Je me sens déjà mieux.

Mark s'assied par terre, livide, et tente de sourire. Antoine est prêt à composer le numéro des urgences.

Il vérifie sur son téléphone à quelle hauteur ils se situent précisément. Ils n'ont couru que 3 miles et viennent juste de dépasser la 98e Rue. Mark se relève lentement et plaisante en soufflant.

— T'aurais vu ta tête quand je me suis mis à tousser ! On est tous en train de devenir paranos avec ce truc.

— Tu m'as foutu les jetons, Mark. J'ai cru que tu faisais une crise cardiaque. Viens, on va te trouver un taxi. Il est temps que tu rentres te reposer. Et puis ça craint, il n'y a plus un chat dans les rues. Avec tous les dingues remis en liberté, on peut se faire trucider sans que personne s'en rende compte.

— Donne-moi le bras et marchons un peu. J'ai des espèces d'étourdissements. Ça devrait me faire du bien de bouger.

Ils se mettent en route comme des vieillards. Mark reprend lentement sa respiration et Antoine ne le quitte pas des yeux, inquiet des signes de faiblesse sérieux de son ami. Malgré l'obscurité, il distingue son teint cadavérique et la sueur qui a inondé son sweat-shirt.

Après quelques minutes de marche, toujours en boucle sur ses préoccupations financières, Antoine développe l'idée qui vient de germer dans son esprit. Avec le Covid, il est certain de réussir à négocier un départ immédiat de son appartement. Sans pénalités ni retenue de loyer. Puisque la maison de Mark à New York sera vide, il pourrait s'y installer avec Gabrielle et Chloé sans gêner son ami. Et, sans loyer à sortir tous les mois, le paysage change complètement. Tout redevient possible ! Il sourit, fier de cet éclair de génie, convaincu de voir Mark accepter avec enthousiasme son idée.

— Ce ne serait pas te rendre service, Antoine. Tu vas gagner quoi ? Deux mois, trois ? Et après ? Je vais revenir et toi t'auras pas bougé d'un pouce. Désolé mais c'est non.

Antoine stoppe net, incrédule, incapable de continuer à marcher. Trop de frustrations, trop d'échecs. Il a bien droit à une dernière chance, non ? Pourquoi personne ne veut l'aider ? Et qu'est-ce qu'il dira à Gabrielle ?

— Fais-moi confiance ! Tu sais bien que je vais m'en sortir. J'ai besoin de temps, c'est tout. Et avec les 10 % de la start-up je vais gagner...

— Rien du tout ! Pas avant trois ans en tout cas. Arrête de t'obstiner comme ça, ça devient ridicule. T'as tout essayé mais c'est cuit. Si ça peut t'aider, je vous paie vos billets de retour.

— Qu'est-ce que ça peut te foutre que je veuille encore essayer ? le coupe Antoine en criant. Je vais trouver un truc. Justement, avec le Covid, des opportunités de business vont se présenter. J'ai déjà des idées, figure-toi. Et elle est vide, ta putain de baraque !

Mark le regarde, blessé. Antoine est en train de perdre pied. Il ne lui aurait jamais parlé comme ça avant. Mark se sent faible, il doit s'économiser. Appeler un taxi et prendre congé. Il a du mal à contrôler son souffle. Une nouvelle quinte de toux le saisit, entrecoupée de grognements monstrueux. Il regarde Antoine en écarquillant les yeux, pose la main sur sa poitrine et s'écroule brutalement, comme foudroyé. Antoine se précipite. Mark n'arrive plus à respirer. Il parvient à redresser la tête mais, à bout de forces, la laisse retomber lourdement sur le sol. Dans un dernier spasme, il inspire un grand coup puis perd conscience. Antoine panique, lui cherche le pouls, ne trouve rien, tente un massage cardiaque, les mains croisées sur sa poitrine. Un-deux-trois. Il pense aux directives sanitaires avant de se pencher pour un bouche-à-bouche. Puis à nouveau les compressions thoraciques, comme il l'a vu faire dans les films. Un-deux-trois. Puis souffler dans la bouche. Un-deux-trois. Et recommencer. Rien à faire. Aucune réaction. Antoine hurle « *Help !* » entre deux massages. Pas de réponse. Il cherche du regard une présence. Personne. Maintenant, il tape de toutes ses forces sur le cœur de Mark, le poing fermé. Ça aussi, il l'a vu dans les films. Parfois ça marche. Pas aujourd'hui.

Avant d'avoir eu le temps d'appeler les secours, il comprend que son ami est mort.

AVRIL 2020

www.lesmouliere-a-newyork.com
Post #16 - vendredi 7 avril 2020

Nous avons enterré Antoine ce matin.
Je ne peux pas croire que j'écris ces lignes. Impossible de réaliser ce qui nous arrive. Je ne sais même plus comment respirer avec cette douleur qui me transperce en continu.
Merci pour votre soutien ces derniers jours. Je n'aurais pas pu tenir sans vous. Je suis si seule ! Mais je m'accroche pour ma pauvre Chloé. À cause du Covid, les autorités sanitaires de New York nous ont imposé des obsèques sans présentation du cercueil, sans témoin ni cérémonie. Et, bien sûr, sans possibilité de rapatrier le corps vers la France. Personne non plus pour l'accompagner une dernière fois. Vous êtes si loin ! Chloé et moi sommes tellement isolées dans ce pays bouclé à double tour ! J'en prends conscience à présent.

Mark, un ami d'Antoine, m'a soutenue dans les formalités. Je ne m'en serais jamais sortie toute seule.
J'ai décidé de procéder à une crémation. Nous en avions parlé un soir il y a des années, comme ça, sans raison particulière. C'est ce qu'il souhaitait à l'époque. J'ai respecté son choix. Et je peux ainsi garder ses cendres. Elles reviendront avec nous. J'ai dû choisir si vite… Sans avoir la possibilité de bien réfléchir. Nous étions nombreux à accompagner nos morts aujourd'hui. New York est devenu un charnier. Les décès et les enterrements s'enchaînent. Tout a été expédié en quelques minutes. J'avais le sentiment irréel de faire la queue au supermarché. Ce que nous vivons est inimaginable.
Je vous tiendrai au courant de ce que nous allons faire. Les avions de retour sont rares et j'hésite à partir maintenant. Je n'ai ni le courage ni la clairvoyance pour prendre la moindre décision. Déménager est pour le moment au-dessus de mes forces. J'ai besoin de temps. De recouvrer la raison.

Je voudrais vous avoir près de moi.
Je vous aime,

Gabrielle

See You Later, Alligator !

Il n'était jamais entré dans la maison de Mark, 83 Sullivan Street. Malgré leurs séances de jogging hebdomadaires et leurs longues conversations, ce dernier gardait secrets de larges pans de son existence et avait organisé sa vie pour protéger son intimité.

Antoine passe sa première nuit là-bas sans rien faire, ni allumer ni dormir. Il s'est installé au bureau de son ami, assis dans son fauteuil, et il n'ose plus bouger, se répétant qu'il est un misérable charognard. Il a hésité plusieurs fois à appeler la police pour tout raconter avant qu'il ne soit trop tard. Mais toujours il a renoncé, refusant de désobéir au plan imaginé par Gabrielle. Et si elle a bel et bien signalé sa disparition, cela pourrait la placer dans une situation inextricable.

Quand Antoine est rentré chez lui, juste après la mort de Mark, Chloé dormait déjà. Gabrielle l'a retrouvé tremblant dans la cuisine, un verre de whisky à la main. Il lui a tout raconté.

— Je dois y retourner, j'étais sous le choc et j'ai fait une connerie. Tout a été tellement brutal ! Je ne sais pas ce qui m'a pris.

— Mais de quoi tu parles ?

— Ses clés, son téléphone, son ID américaine… J'ai tout pris. Toutes ses affaires. Et je les ai échangées avec les miennes. J'ai mis ma carte d'identité dans sa poche, mon téléphone, tout. Et je suis parti en l'abandonnant là, seul sur le trottoir. Je dois y retourner avant que les flics le découvrent.

— Mais pourquoi t'as fait un truc pareil ?

— J'en sais rien, je te dis. Un coup de folie. On venait de parler de sa maison de New York. Il allait quitter la ville et je voulais qu'il nous la prête pendant son…

— Tu es sûr qu'il n'est pas mort du Covid ? Tu l'as touché ?

— Je ne suis pas contagieux, si c'est ce qui t'inquiète. Je te garantis que c'était une bonne vieille crise cardiaque. C'est fou comme tu peux être égoïste, toi aussi. Mark est mort et il faut que j'y retourne.

— Attends, Antoine. Ne te précipite pas, laisse-moi réfléchir.

— Je n'ai pas le temps ! Si ça se trouve les flics sont déjà sur place.

— J'ai regardé CNN toute la journée. Les cadavres s'empilent dans la ville. Personne ne va enquêter sur la mort de Mark. Il y a des montagnes de corps devant les hôpitaux, les camions frigorifiques sont gavés de cadavres parce que les morgues débordent. Ils déplacent les corps avec des chariots élévateurs, en pleine rue !

Tu crois vraiment qu'ils vont chercher à vérifier quelque chose ? Et comme tout le monde est parti personne ne te reconnaîtra. Il n'y a aucun risque.

— Qu'est-ce que tu veux dire ?

— Tu vas prendre sa place, mon amour.

— Mais t'es dingue ? Réfléchis, ça voudrait dire que moi je suis mort. Qu'est-ce qu'on dira à Chloé ? À mes parents ?

— T'inquiète pas pour Chloé. Elle verra bien que son père est vivant. Et pour les autres on décidera plus tard. Le *doorman* t'a vu ?

— J'ai pris l'escalier de service. Et puis j'avais ma casquette, et j'ai remis un masque avant de rentrer dans l'immeuble.

— Tu vois ? Tu avais déjà tout prévu. T'es un pur génie, mon amour !

Ils sont restés à discuter et Gabrielle a achevé de le convaincre. En tout cas, elle ne lui a pas vraiment laissé le choix, insistant avec enthousiasme sur l'origine de cette idée.

— Je n'en reviens pas, tu as réagi tellement vite ! C'est brillant. Magistral, même.

Elle lui a demandé de partir, de rentrer chez Mark, de s'installer chez lui. Elle improvisera demain matin avec Chloé. Puis elles viendront le rejoindre dans quelques jours. L'école est fermée, tous les Français qu'ils connaissent sont déjà loin, les riches ont déserté la ville. Aucun risque de se faire surprendre. Dans deux heures, elle appellera la police, inquiète que son mari ne soit pas rentré de son jogging. Quand ils auront retrouvé le corps, elle sera convoquée pour l'identifier, rien de plus.

Personne ne se posera de questions sur ce cadavre français. Pas de temps pour une autopsie ou la moindre vérification. Trop de morts, trop de corps contagieux. C'est comme un nouveau départ, mais avec l'identité américaine de Mark et son argent en prime. Elle l'a embrassé en le traitant de surdoué. Puis elle l'a mis dehors.

— Dépêche-toi. File. Et remets ton masque. Ne parle à personne. Pas de taxi. Pas de métro non plus ; trop de caméras. Vas-y à pied, c'est plus sûr. N'oublie pas ta casquette. Regarde par terre quand tu marches. Prends ses clés. Non, aucune affaire à toi. Laisse tout ici. Dorénavant tu t'habilles avec ses fringues. Pars maintenant. Oui, par l'escalier de service. Et ne m'appelle pas. Et surtout pas de SMS non plus. Pas de traces, rien. C'est moi qui te téléphonerai demain. Pour t'annoncer la mort d'Antoine. Attends. Embrasse-moi encore. Allez, file, mon amour. Tu es si fort ! Tu es si beau ! Je t'aime.

Installé au bureau de Mark, et toujours incapable de fermer l'œil, Antoine décide de se mettre au travail, en inspectant en premier lieu le téléphone de son ami. Le code d'accès n'oppose aucune résistance : Mark avait le chic pour tout tourner en dérision et, sur son écran d'accueil, une photo tronquée du compteur installé sur Union Square laisse apparaître les six derniers chiffres de la dette nationale américaine. 475 624. Antoine sourit en voyant l'appareil se déverrouiller. Il fait ensuite défiler les photos les plus récentes puis consulte les derniers e-mails ou SMS échangés, sans rien remarquer de particulier. Il pense à annuler la réservation de l'hélicoptère pour le lendemain matin.

Une fois le jour levé, il ose enfin s'aventurer dans la maison. Le rez-de-chaussée est composé d'une cuisine trop sombre et d'une chambre d'amis mal équipée, qui n'a pas dû servir souvent. Le salon occupe tout le premier étage. Sobre et spacieux, avec une cheminée, un canapé d'angle bleu marine, des fauteuils dépareillés, une bibliothèque impressionnante, riche de nombreux essais américains sur la politique, l'histoire ou l'économie et, de façon plus surprenante, de romans français, classiques et contemporains. Un gigantesque écran de télé est accroché au-dessus de la cheminée, face au canapé. Le tissu est usé à l'endroit où Mark devait avoir l'habitude de s'asseoir. Antoine devine la forme encore enfoncée de ses fesses sur le coussin. Le dernier étage comprend deux espaces distincts séparés par une salle de bains. Côté cour, la chambre de Mark, simple et peu décorée. De nombreux ouvrages sont posés sur le sol, en piles bien alignées, à la gauche du lit. Côté rue, son lieu de travail. Un bureau Empire en acajou foncé et cuir bordeaux, unique témoignage d'un héritage français, est encombré de trois écrans verticaux reliés à un ordinateur, comme les postes de traders dans les salles de marché. La seule table à manger de la maison est celle de la cuisine. Mark n'a pas dû organiser beaucoup de dîners. En évoluant dans les étages, Antoine remarque la propreté des sanitaires et le rangement impeccable des différentes pièces. Mark vivait en vieux garçon, et pourtant il ne passait sans doute pas ses journées un balai à la main. *Une femme de ménage doit venir régulièrement*, se dit Antoine. Avec précipitation, il cherche dans les contacts du téléphone un nom que Mark aurait prononcé au détour d'une conversation. Probablement un prénom à consonance hispanique. Le répertoire est bien organisé, il y trouve une certaine Maria Housekeeper, qui le renvoie à une série de messages moitié en anglais moitié en espagnol entre son ami et elle. Le dernier SMS date du 20 mars, il y a un peu plus de deux semaines. Soulagé, il comprend qu'ils sont convenus qu'elle ne viendrait plus jusqu'à ce que la pandémie prenne fin : à la fin de la discussion, Mark lui recommande de « *stay safe* » et lui envoie 1 000 dollars par virement pour l'aider à tenir le coup sans travail. Il avait dû se mettre au ménage, et Antoine doit reconnaître ses compétences en la matière. Il se promet de garder la maison aussi propre qu'il l'a trouvée, puis se souvient que son ami ne reviendra pas. Il s'adosse au mur et se laisse glisser par terre. Comment a-t-il pu s'embarquer dans cette folie ? Pourquoi Babs ne l'appelle-t-elle pas ? Il voudrait savoir ce qu'il s'est passé cette nuit. A-t-elle appelé la police ? Qu'a-t-elle bien pu raconter à Chloé ce matin au réveil ? Lui a-t-elle lu le mot qu'il a posé sur son oreiller avant de s'enfuir ?

Ma puce, je dois partir quelques jours pour mon travail. Mais je reviens vite. Sois bien sage avec ta maman.

See you later, alligator, after a while, crocodile.

Je t'aime.
Ton papa

Vers 20 heures, Gabrielle téléphone enfin. Elle attendait d'avoir couché Chloé pour pouvoir parler tranquillement. Il l'écoute raconter son appel au 911 pour signaler sa disparition un peu avant minuit, puis, plus tard dans la nuit, le coup de fil de la police lorsqu'elle a découvert le corps et lui a demandé de venir l'identifier. Au petit matin, Gabrielle a laissé leur fille seule devant un film, le temps d'aller confirmer que le cadavre était bien celui de son mari. Elle a réclamé une incinération, expliquant qu'ils en avaient déjà parlé tous les deux et que, face à l'impossibilité de rapatrier le corps en ce moment, il était essentiel de pouvoir rapporter en France au moins ses cendres. Elle semble très fière de son idée.

— Comme ça, on est tranquilles. Il n'y aura jamais d'autopsie.

Les pompes funèbres sont débordées, mais pour une incinération ça peut aller plus vite. D'ici quatre ou cinq jours. Aucun risque d'identification poussée du côté des flics, ni de recherche ADN ou de dossiers dentaires. Pas non plus de vérification de visa, malgré la carte d'identité française et l'accent prononcé de Gabrielle. La police n'a émis aucune réserve. Elle a validé sans broncher la mort par crise cardiaque relevée par le médecin de garde.

— Si tu avais vu le nombre de cadavres ! Ils ont tous autre chose à faire en ce moment.

Elle a dû s'équiper en cosmonaute pour accéder à la morgue. Et, à part elle, personne n'aura le droit d'assister à la crémation.

— Je mettrai à nouveau Chloé devant un film, et le tour est joué !

Oui, bien sûr, leur fille était triste de ne pas le trouver ce matin, mais elle a gentiment accepté cette histoire de voyage professionnel.

— Et, comme elle ne sort plus d'ici, pas de risque qu'elle fasse une gaffe.

Oui, elles ont lu le mot qu'il avait laissé, puis Gabrielle l'a brûlé.

— On ne sait jamais.

Antoine ne parvient pas à lui répondre. Il se contente de monosyllabes, essayant de réaliser les implications de tout ce que Gabrielle détaille avec excitation. Il se sent perdre pied. Et, quand il commence à émettre un doute, une possibilité de retour en arrière, arguant d'une erreur à la morgue, elle le coupe tout de suite :

— Écoute, il y a autre chose.

Comme ils n'ont pas songé à en parler ensemble dans la précipitation de la veille, elle a dû prendre la liberté de prévenir la famille. Elle ne pouvait pas se permettre d'attendre.

— Sinon, ça n'aurait pas été crédible.

Puis elle ajoute, dans un rire nerveux, avoir dignement tenu son rôle de veuve effondrée. Il l'écoute raconter comment sa mère a réagi à l'annonce du décès de son fils. Puis il craque.

Gabrielle le laisse pleurer en silence puis embraie vite. Sa volonté semble indéfectible.

— Ce n'est pas le moment de te laisser aller, voyons !

Jusqu'à la fin de leur conversation, elle navigue entre tendresse et agacement, paroles de réconfort et menaces à peine voilées. Ils ne peuvent plus revenir en arrière. Il doit l'accepter. Le risque est trop grand. L'usurpation d'identité constitue un délit caractérisé, avec de la prison à la clé. Peut-être pour tous les deux.

— Tu imagines ça pour Chloé ?

Et, surtout, ils n'auront pas d'autre occasion de ce genre. D'ailleurs, c'est lui qui a eu cette idée sidérante. Ce réflexe salvateur d'échange d'identité.

— Jamais je n'aurais pensé à ce truc. T'es un putain de cerveau, mon amour !

Ils ont deux ou trois mois tranquilles devant eux grâce au lockdown mondial. Après, tout deviendra possible, ils pourront se marier, puis partir vivre où ils voudront.

— Où tu veux, mon chéri.

Chloé ne saura rien de cette histoire. Ils vont la préserver. Quand elle sera plus grande et en mesure de comprendre ils lui raconteront. Elle conclut le coup de fil en donnant quelques consignes militaires. Elle a déjà pensé à tout.

— La priorité, maintenant, c'est ta silhouette.

Antoine doit prendre au moins 8 kilos dans les semaines qui viennent.

— C'est le moment de te faire plaisir !

Mark perdait ses cheveux et se coiffait comme Gérard Jugnot. Elle ne lui en demande pas tant, mais il serait judicieux qu'il se rase le crâne. Les hommes ayant une calvitie prononcée finissent souvent par s'y résoudre.

— Tu seras crédible en chauve, et très beau. Un peu comme Dwayne Johnson.

Il aurait préféré Yul Brynner. Elle insiste sur le niveau de contrôle permanent qu'il doit maintenir. Même si les rues sont désertes, il ne doit pas prendre le risque d'être reconnu. Il doit tout se faire livrer, et prétexter la maladie afin de ne pas avoir à ouvrir sa porte. Le quartier d'Upper East lui est évidemment interdit.

— Et on ne parle même pas de notre immeuble.

De toute façon, il est plus prudent d'attendre un moment avant de se retrouver. Bien après les obsèques, une fois que sa transformation physique sera plus avancée. Et si, pour une raison quelconque, il est obligé de mettre un pied dehors, il devra garder sa casquette, un masque chirurgical et des lunettes de soleil.

— Quelle journée de dingue ! Je suis morte, moi. Quand même, une dernière chose avant d'aller me coucher.

Officiellement, Mark est toujours vivant, donc Antoine doit checker ses e-mails et ses messages, y répondre, travailler à sa place. Ne jamais décrocher le téléphone, sauf si c'est elle. Tout par écrit. Et des commandes en ligne. Notamment pour la nourriture, en reprenant les habitudes de Mark. Sur Amazon, il trouvera les commandes passées dans l'onglet *Mon compte*.

En reposant le téléphone sur le canapé, Antoine est pris d'un doute. Sans en être absolument certain, il croit avoir entendu sa femme l'appeler Mark avant de raccrocher.

Groundhog Day

Les jours suivants, tout en voyant avec frayeur approcher la date de son propre enterrement, Antoine respecte à la lettre les consignes de Gabrielle. Cela lui évite aussi de ressasser les images de la mort de son ami. Sans ce jogging, Mark serait parti dans les Hamptons comme prévu, sans doute en sursis d'une crise cardiaque, mais encore bien vivant aujourd'hui. Antoine n'aurait pas dû insister sur cette histoire de maison. Il a crié et l'a blessé. Mark lui donnait pourtant de bons conseils.

Grâce aux mots de passe glissés dans le répertoire du téléphone, Antoine a maintenant accès aux comptes bancaires, au portefeuille de bitcoins, aux comptes Amazon ou Apple, ainsi qu'à l'ensemble des dossiers personnels contenus dans l'ordinateur. Ç'a été un jeu d'enfant. Mark était riche, largement plus que ne le pensait Antoine, et propriétaire de ses deux maisons, visiblement sans crédit en cours. Celle de New York est estimée en ligne à un peu moins de 6 millions, celle de Sag Harbor, autour de 2 millions. Son portefeuille boursier associé à ses comptes bancaires classiques et à ses réserves de bitcoins atteignent aujourd'hui la valeur approximative de 4 millions de dollars. Antoine est un homme d'argent habitué à manipuler de gros montants, mais, lorsqu'il prend conscience que ces millions sont à présent les siens, il est convaincu qu'une solide enquête policière va être ouverte. Puis il se rassure. Seul Antoine est mort. Officiellement, Mark est toujours vivant. Personne ne viendra fouiner. Comme le lui rappelle régulièrement Gabrielle, il n'a rien à craindre.

Après une analyse détaillée des actifs détenus en cryptomonnaie, Antoine découvre de nombreux tokens dont il n'avait jamais entendu parler. Doge, Cardano, Ripple ou Litecoin. Visiblement, l'activité principale de Mark consistait à jouer en permanence avec les cours, pour acheter ou vendre au bon moment, parfois plusieurs fois dans la même journée. L'évolution de ces valeurs prend la forme de montagnes russes, et il semble acrobatique d'émettre la moindre prédiction argumentée. Mark était un acteur de cette nouvelle économie, encore obscure même pour un financier tel qu'Antoine. *Il va falloir que je m'y mette*, se dit-il. Et c'est un bon moyen de se changer les idées.

Une nuit, il a épluché en détail tous les e-mails et SMS de Mark afin de cartographier précisément ses relations, ses proches, ses intimes et sa famille. Il a pleuré en faisant défiler les souvenirs de cette vie un peu vide. Mark était un solitaire, plus complexe qu'il ne le laissait paraître. Esprit libre et fin observateur de la vie américaine, grand lecteur sans jamais s'en vanter, écorché sentimental ayant trouvé du réconfort dans les bras d'une escort girl devenue son amie, démocrate déçu ayant fini par admirer Trump par provocation, amateur de soirées en solo et de joggings en duo. Dans les conversations numériques, Antoine n'a repéré que cinq contacts potentiellement dangereux pour les semaines à venir. Estelle, sa sœur aînée, installée à Lyon, avec qui il organisait souvent des FaceTime le dimanche matin. Zoé, la fille d'Estelle et nièce de Mark. Une étudiante d'une vingtaine d'années qui ambitionne de venir terminer son master l'an prochain à Columbia. Abigail, la maîtresse américaine aux relations hebdomadaires tarifées. Ernesto Perez, directeur informatique d'une boîte de fintech installée à Chicago. Les deux hommes se voyaient plusieurs fois par an, en général là-bas. Et, enfin, la famille Malkin, des voisins du quartier chez qui Mark avait l'habitude de dîner. Les autres contacts sont professionnels, dématérialisés et éloignés de son quotidien. Antoine imagine qu'Abigail et les Malkin ont quitté la ville, comme tout le monde. La menace la plus réelle reste les conversations en visio avec sa sœur. Il doit rapidement mettre au point une solution.

Antoine a démarré un régime draconien, se gavant des sucreries qu'il s'interdisait avant, recherchant avec assiduité des recettes toujours plus riches en calories de tout poil. Ses placards regorgent de pots de beurre de cacahouète et de compléments alimentaires qu'il mélange consciencieusement avec des milk-shakes industriels parfum banane-chocolat. Chaque matin, il regarde la tondeuse électrique de son ami, renonçant pour l'instant à en faire usage sur ses propres cheveux.

Il lui arrive parfois de pleurer de découragement. À d'autres moments de la journée, au contraire, il est enivré par cette clandestinité ténébreuse. Ces mouvements bipolaires l'épuisent.

Dans une boîte rangée dans la table de nuit, il a eu la surprise de tomber sur une importante réserve d'herbe et de papier à cigarette. Antoine a pris l'habitude de fumer un joint le matin, après son café. Ensuite, il aime à rester immobile à la fenêtre de la chambre, face à la rue inanimée. L'herbe puissante de Mark fait passer plus vite ces heures mornes. La télévision du salon est allumée en permanence, branchée sur CNN. Il peine à décoller son regard du compteur des morts quotidiens.

Dès l'instant où Gabrielle a prévenu l'école de la disparition d'Antoine, la communauté du Lycée français s'est mobilisée pour lui envoyer des messages de soutien. Par chance, tous les parents étant partis depuis longtemps, elle n'a pas eu à gérer frontalement le débordement d'émotions ou les visites impromptues. Elle a pu convaincre les enseignants de sa fille de ne rien laisser paraître pendant les cours sur Zoom et de ne jamais évoquer le sujet. De temps en temps, elle retire Chloé d'un cours, puis envoie un message pour l'excuser, prétextant une brusque montée de larmes.

Inès a appris la mort d'Antoine depuis la France. Elle a téléphoné aussitôt, suppliant Gabrielle de ne pas rester seule à New York, de rentrer pour retrouver sa famille. Elle lui a même proposé de l'accueillir dans la maison provençale de la famille de Julien.

Damien a pris la peine de l'appeler lui aussi, depuis la terrasse de sa villa de Miami. La mort brutale de son *American boy* semble l'avoir bouleversé. Il a tenu à préciser que les parts d'Antoine dans la start-up reviendront bien évidemment à Gabrielle. Quand elles auront pris de la valeur, il les lui rachètera, au meilleur prix, sans discuter. Il a également proposé de lui prêter de l'argent si elle était à court de liquidités.

Quelques minutes après son enterrement, Antoine reçoit un SMS de Gabrielle.

Cher Mark, Antoine aurait aimé que son ami puisse l'accompagner dans son dernier voyage. Je me sens si seule, perdue sans lui. J'espère te voir bientôt.

Gabrielle

Elle ose joindre à ce message la photographie sinistre de l'urne funéraire d'Antoine. En zoomant, il découvre avec effroi son nom gravé sur une plaque de laiton.

ANTOINE MOULIÈRE. JULY 24TH 1977-APRIL 3RD 2020.

Elle aurait au moins pu s'arranger pour que les dates soient écrites à la française. Il se rassure comme il le peut, espérant qu'elle a envoyé ce texto par défi, sans mauvaise intention. Pourtant, il y sent poindre une pique de cruauté. Gabrielle est trop intelligente pour ne pas savoir ce qu'elle fait. Cette photo sonne comme un avertissement : *Les dés sont jetés, Antoine. Tu es mort et voici tes cendres. Plus question de dévier de notre plan, maintenant. Ne me déçois pas.*

Les jours passent et se ressemblent. *Un jour sans fin*, sans la marmotte ni le joli sourire d'Andie MacDowell. Entre son régime hyper calorique et l'inactivité complète, Antoine commence à prendre du poids. Il a fini par raser ses cheveux. Un crâne brutalement chauve est sensible au moindre courant d'air, et il a parfois la désagréable impression de sentir quelqu'un passer derrière lui. D'être observé. Une courte barbe achève de transformer son visage. Il se regarde dans le grand miroir de la salle de bains : les affaires de Mark sont encore trop larges, mais les barres chocolatées ultra-protéinées commandées la veille sur un site de bodybuilders devraient accélérer sa prise de masse. Jean noir baggy et délavé, tee-shirt promotionnel informe à force d'avoir été porté, et baskets en maille autrefois grises. Il ne ressemble à rien, comme s'il avait dormi avec ses vêtements, ce qui lui arrive de plus en plus souvent. Il pousse un soupir de découragement mêlé de dégoût. Le reflet de sa silhouette est bien différent de son apparence habituelle. Il serait exagéré d'affirmer qu'il ressemble à son ami, cependant, de loin et rapidement, une personne persuadée d'apercevoir Mark pourrait se laisser berner. Ça manque cruellement d'allure. Gabrielle sera fière de lui.

Un SMS d'Abigail l'informe de son passage à New York pour quelques heures seulement. Elle aimerait en profiter pour venir le voir avant de partir s'installer durablement à Miami. Tenace et explicite, elle croit bon d'ajouter un émoji Aubergine à la fin de son message. Antoine répond tout de suite en s'excusant de ne plus être à New York. Malgré tout, dès le lendemain, elle vient sonner à sa porte. Il meurt d'envie de jeter un coup d'œil à la fenêtre, mais n'ose pas bouger.

Avec la sœur de Mark, communiquer uniquement par écrit aurait fini par paraître étrange. Antoine passe donc de longues heures à monter minutieusement sur un logiciel un monologue convaincant, à partir d'extraits des mémos vocaux que son ami avait enregistrés sur son téléphone. Une fois satisfait du résultat, il appelle Estelle à une heure où il est certain de tomber sur son répondeur. Il déclenche l'enregistrement et lui laisse un message rassurant. Dans quelques jours, il lui écrira pour lui raconter qu'il est parti se mettre à l'abri dans un coin perdu d'Amérique du Sud, loin d'Internet ou d'un relais téléphonique.

Il se connecte parfois au blog créé par Gabrielle à leur arrivée à New York. Il a l'impression que plus de vingt ans se sont écoulés depuis l'été dernier. Des membres de sa famille et plusieurs connaissances ont répondu en commentaire du post dans lequel sa femme évoquait ses obsèques. Il déteste ces témoignages élogieux et pleurnichards. Celui de ses parents, en revanche, anéantis d'avoir perdu leur fils à l'autre bout du monde, l'achève. Il relit plusieurs fois les mots simples qu'ils ont choisis pour évoquer leur douleur. Il a lui-même écrit un mot de la part de Mark, évoquant leur complicité retrouvée, leurs séances de sport, sa tristesse. Tout cela est si étrange.

Gabrielle organise tous les deux jours un coup de fil où Chloé tente systématiquement de basculer en FaceTime pour voir son père. Antoine n'y tient pas. Il préfère attendre leurs retrouvailles pour dévoiler son nouveau visage. Il l'écoute raconter ses journées dans l'appartement, les trop longues heures en ligne avec sa classe ou les sorties que sa mère ose entreprendre à Central Park. Lui, il parle de son voyage d'affaires au Texas, de la chaleur et de ses rendez-vous. Rien n'étonne un enfant de 6 ans. Ils s'amusent aussi à jouer aux devinettes. L'un des deux pense à quelqu'un, l'autre pose des questions auxquelles il ne faut répondre que par oui ou non. Antoine sait toujours quel personnage elle va choisir, mais fait mine de ne pas réussir à le trouver. Il regrette de ne pas avoir eu la présence d'esprit d'emporter une photo de sa fille avant de quitter l'appartement. Elle lui manque beaucoup.

Antoine est officiellement mort depuis trois semaines.

Gabrielle se sent très seule. Dakota a fini par quitter la ville, comme les autres. Elle a filé dans l'Arizona où un hôtel perdu dans le désert s'est transformé en camp de base féministe. Gabrielle a détesté lui mentir en racontant la mort d'Antoine, mais elle ne devait prendre aucun risque. Son amie s'est démenée pour la soutenir quand elle était encore en ville puis l'a invitée à l'accompagner dans l'Arizona, avec Chloé sous le bras. Un endroit extraordinaire pour se reconstruire. Avec une énergie très particulière. Gabrielle aurait adoré la suivre, mais pas question de laisser Antoine sans surveillance. Il serait capable de craquer et de balancer la vérité au premier venu. Jalouse de la liberté de Dakota, elle l'a laissée s'envoler seule à l'autre bout du pays.

Certains jours, pour prendre l'air et se changer les idées, Gabrielle laisse Chloé à l'appartement le temps d'aller rencontrer certaines de ses protégées, de les rassurer, de leur montrer qu'elles ne sont pas seules. Tous les volontaires de Living With the Enemy ont fui New York si rapidement ! La moindre des choses est de donner un peu de temps à ces femmes. Quelques mots, un soutien moral. Gabrielle tient à honorer ses engagements.

Petit à petit, l'absence d'Antoine lui devient normale. À force de parler de sa mort au téléphone, elle a fini par se convaincre de son statut de jeune veuve. La distance et le temps ont aussi creusé lentement l'écart. Elle a appris à vivre loin de lui. Certains jours, elle croit le croiser au détour d'une pièce comme le fantôme d'un disparu. Elle se surprend de la facilité avec laquelle elle a tout organisé sans son aide, le tenant à l'écart du quotidien sans jamais rechercher son approbation. Dans ce processus d'amputation, la désaccoutumance psychique compte autant que la séparation physique ou l'absence de sexualité. Malgré leurs conversations téléphoniques régulières, elle se voit s'éloigner d'Antoine.

Cependant, elle a besoin de Mark.

Avec un peu d'appréhension, elle vient de fixer la date de leurs retrouvailles : ils se sont mis d'accord sur le 1er mai. À la nuit tombée, elle quittera l'appartement avec Chloé et leurs valises. Il les attendra à quelques blocs de là, puis ils partiront tous les trois s'installer chez lui.

De son côté, Antoine compte les jours avec impatience.

Cancel Culture

Antoine n'était pas venu dans son quartier depuis des semaines et il a du mal à reconnaître les rues où il a vécu. La riche Upper East Side est devenue un mouroir cerné par la peur. Il y a moins de misère que *downtown*, mais les avenues semblent totalement inhabitées. Seules quelques lumières aux fenêtres rappellent que des gens vivent encore ici. Les rideaux de fer des restaurants sont baissés et les vitrines des boutiques sont protégées derrière des palissades de bois pour décourager les pilleurs. Régulièrement, le bruit d'un hélicoptère de la police vient déchirer le silence. Plus de promeneurs, plus de taxis, plus de chiens, plus de vieux millionnaires grabataires ou de gamins en uniforme des *private schools* voisines. Seuls les rats ont survécu, mais les poubelles se font rares et la nourriture doit commencer à manquer. Son ancien quartier est une zone de guerre bactériologique abandonnée par l'homme.

Il patiente au coin de Lexington Avenue et de la 77e Rue, à trois blocs de chez eux. Gabrielle et Chloé doivent le rejoindre à 22 heures. Le caddie qu'il a récupéré roule de travers. L'une des roues avant est voilée, rendant difficiles les lignes droites et quasiment impossibles les virages à gauche. Il n'a pas trouvé mieux et cela devrait quand même faciliter le transport des valises. Ils ont deux heures de marche à travers la ville jusqu'à la maison de Mark. Il a glissé un marteau dans sa ceinture en cas de mauvaise rencontre. Antoine ne sait pas se battre mais se sent prêt à défendre sa famille. D'un geste nerveux, il regarde sa montre pour la troisième fois en deux minutes. Elles ne devraient plus tarder.

Si Gabrielle ne l'avait pas pointé du doigt, Chloé serait probablement passée devant lui sans le reconnaître. Comment cet homme un peu lourd aux vêtements trop larges, coiffé d'une casquette et le bas du visage couvert par un masque, affublé de lunettes de soleil et d'un caddie pourrait-il être son père ? Dès qu'elle a entendu sa voix, elle s'est précipitée dans ses bras sans se poser de questions. Il pleure en la serrant de toutes ses forces. Gabrielle les interrompt rudement. Pas de temps à perdre. Elle l'aide à charger leurs lourdes valises dans le chariot et ils se mettent en route sans tarder. Elle envoie un clin d'œil à son mari pour le féliciter de sa transformation réussie et lui caresse discrètement l'épaule. Antoine préfère se taire, mais il est surpris par l'excessive maigreur de sa femme. On dirait qu'elle s'est asséchée pendant que lui gonflait. Tout de suite, Chloé les bombarde de questions.

— Pourquoi tu es parti si longtemps ? Pourquoi on marche dans la nuit ? On va revenir quand à la maison ? C'est quoi ces nouveaux habits ? J'en ai marre de ce masque, il est trop grand en plus. On va où comme ça ? C'est encore loin ? Pourquoi t'as un marteau, papa ? Et des lunettes de soleil ? Il fait nuit. Pourquoi on prend pas un taxi ? Il est nul ce caddie, il roule de travers. Je peux m'asseoir dedans ? Pourquoi tu dis rien, maman ?

À Times Square, il finit par la prendre dans ses bras, où elle s'endort tout de suite. Gabrielle lutte avec le caddie sans se plaindre. Quand ils croisent un groupe d'une dizaine de SDF défoncés au crack et allongés les uns contre les autres le long de Bryant Park, Antoine n'en mène pas large. Quelques-uns s'agitent en grognant à leur passage. Ils n'ont plus grand-chose d'humain. La pandémie a achevé de les transformer en zombies décharnés. Ces pauvres hères n'ont même plus la force de parler pour mendier. Le plus vaillant se contente de désigner, d'un mouvement du pied, un vieux morceau de carton posé sur le sol, implorant de leur donner de quoi manger.

— *Feed me.*

Soudain, une main attrape la cheville de Gabrielle pour la retenir. Elle pousse un cri et parvient à se dégager. L'homme qui la regarde n'a plus de forces et n'insiste pas. Il devait espérer que cette famille de clochards sans doute jetée à la rue par la crise sanitaire possède encore, au fond de son chariot, quelques richesses cachées qu'il aurait pu partager avec les autres. Deux blocs plus loin, Gabrielle reproche à Antoine de ne pas l'avoir défendue. D'un geste d'impuissance navrante, il montre Chloé dans ses bras. Elle soupire froidement en regardant ailleurs.

Ils finissent le trajet en silence, après avoir installé Chloé dans le caddie, allongée sur les bagages. Ils n'avaient pas marché autant depuis des semaines.

En arrivant à la maison, ils couchent leur fille dans la chambre d'amis et, toujours silencieux, s'embrassent pour la première fois. Ils n'ont pas besoin de parler. Quelques gestes et un regard enfiévré suffisent. Gabrielle est très passionnée, comme électrisée par le nouveau corps d'Antoine. Elle tire sur sa barbe avec les dents et semble jouir de ses mugissements de réprobation. Une fois calmés, ils prennent le temps de discuter.

Installé à la fenêtre du salon, Antoine fume une cigarette après avoir ouvert une bouteille de vin. Il raconte la solitude de ses journées d'exil et partage ses craintes quant à leur avenir. Gabrielle l'écoute en silence, affalée sur le canapé. Quand il se retourne pour l'interroger sur la manière dont elle imagine la suite, il s'aperçoit qu'elle s'est endormie. Il pose le verre de rouge qu'elle tient encore en équilibre sur son ventre, puis s'allonge à son côté, épuisé lui aussi, assommé par les émotions, les kilomètres de marche et le pinot noir de l'Oregon.

Un cri de Chloé les réveille en sursaut au petit matin. Elle ne reconnaît plus son père sans ses cheveux ! Une fois debout, Gabrielle descend préparer le petit déjeuner pendant qu'Antoine cherche à rassurer sa fille en se passant la main sur le crâne.

— J'aimais mieux ta tête d'avant.

— Ton père est très beau comme ça. Allez, à table ! leur crie Gabrielle à travers la trémie de l'escalier.

Chloé attrape la main d'Antoine pour descendre. À peine assise à table, elle recommence à poser 1 000 questions.

— C'est quoi cette maison ?

— La maison de Mark. Tu te souviens, je t'ai déjà expliqué.

— Qui c'est Mark ?

— C'est comme ça qu'on appelle papa maintenant.

— Papa s'appelle pas Mark. Il s'appelle Antoine.

— Ici, personne n'arrive à prononcer son prénom. Mark c'est plus facile, tu comprends ? Toi et moi on a de la chance. Tout le monde sait bien dire Gabrielle ou Chloé.

— Moi, j'arrive bien à dire Antoine.

— Oui, mais pas les Américains avec qui papa travaille. Et pour toi ça ne change rien. Tu vas continuer à l'appeler papa.

Antoine regarde sa fille et tente de la rassurer d'un clin d'œil et d'une grimace malicieuse.

— On peut ouvrir les rideaux ? demande la petite.

— Non ! répond vivement Gabrielle. Surtout pas, les fenêtres donnent sur la rue.

Avec étonnement, Chloé regarde successivement son père et sa mère. Elle boit en silence une gorgée de son chocolat, puis les interroge à nouveau.

— Je peux aller dans le jardin ?

— Il n'y a pas de jardin, ici, ma chérie.

— Si, maman ! Dans ma chambre, il y a une porte vers un jardin.

— Elle a raison, répond Antoine. C'est plutôt une cour. Bien visible par les immeubles voisins, ajoute-t-il plus doucement.

— On n'a pas le droit d'y aller, répond sèchement Gabrielle. C'est bien compris ? Peut-être plus tard.

— C'est toujours plus tard avec vous. J'ai école aujourd'hui ?

— Non, c'est les vacances de Pâques. Encore une semaine.

Gabrielle se tourne vers Antoine.

— Quand je pense qu'on paie 40 000 balles pour être en Zoom jusqu'aux vacances d'été, ils se foutent bien de notre gueule dans cette école !

— Et ils sont où nos meubles ? insiste Chloé. J'aime pas cette maison !

— Viens, je vais te mettre un dessin animé là-haut. On doit discuter, avec ta mère.

Chloé se lève pour embrasser son père. Espiègle, elle ajoute :

— Merci, *Mark*.

— Coquine ! répond Antoine en se levant.

Il redescend aussitôt retrouver sa femme dans la cuisine. Elle l'embrasse en pinçant ses nouveaux bourrelets.

— J'ai vu des trucs vraiment effrayants dans tes placards. Je vais passer en urgence une commande de bouffe normale.

— J'ai suivi tes instructions à la lettre. Je carbure au *peanut butter and jelly sandwich* toute la journée.

— Beurk… Alors, tu me fais visiter ta maison, Mark ?

Involontairement, il a reculé d'un pas pour s'éloigner d'elle. Il la regarde avec dureté. Elle ne va quand même pas jouer à ce jeu-là ?

— Même pour rire, Babs, ne fais pas ça. Pas entre nous.

— Quoi donc ?

— M'appeler Mark quand on est tous les deux.

— On n'a pas le choix. Sinon je vais me tromper au mauvais moment.

— Ne me demande pas ça. Pas entre nous. Pas devant Chloé.

— Ne fais pas l'enfant. Après ce qu'on vient de vivre, quelle importance de changer de prénom ?

Elle parle tout en rangeant la vaisselle du petit déjeuner, mimant la conversation banale d'une matinée qui démarre en douceur.

— Et puis, ce n'est pas une première fois pour toi.

— Entre Anthony et Antoine, je me suis contenté de quelques lettres, à peine une sonorité. Rien à voir.

— Mais là on a un cas de force majeure !

— Facile à dire ! se met à crier Antoine. C'est quand même moi qui me coltine toute cette merde ! Je n'aurais jamais dû t'écouter !

— Ne hurle pas, Chloé est là-haut ! C'était ton idée, tu te souviens ? Et moi ? Tu crois que les dernières semaines ont été faciles ? Tu sais combien de coups de fil je reçois tous les jours ? Des dizaines ! Ah, ça, j'ai appris à faire semblant de pleurer !

— Moi, j'ai été annulé, purement et simplement. Tu imagines ? Je ne peux plus voir mes amis, ma famille, mes parents. Jamais ! On ne parle pas de se cacher quelques semaines ou de pleurnicher au téléphone. Je suis mort. Disparu. Annulé !

— Tout de suite les grands mots ! Si tu regrettes les déjeuners du dimanche chez tes parents, c'est un peu tard pour y penser.

— Je ne sais pas ce qu'on va devenir.

— Mais si, tu le sais bien. Allez, Mark ! dit-elle avec un clin d'œil, on va se réinventer. Ensemble. Objectivement, réfléchis bien, qui peut se targuer d'avoir une chance pareille dans la vie ? Ne gâche pas tout avec tes enfantillages.

Il soupire longuement et tente de retenir une larme en regardant par terre, puis murmure :

— Tu as sans doute raison.

Il la prend dans ses bras pour cacher son visage bouleversé.

Mais je ne sais pas si je vais y arriver.

Il garde ces derniers mots pour lui.

Be My Guest

Gabrielle débarque dans le salon comme une furie.

— Ça fait deux putains de semaines que nous sommes cloîtrés dans cette baraque lugubre, avec toi qui t'empiffres non stop, le cul sur ton canapé à bouquiner cette bibliothèque de merde par ordre alphabétique. Je deviens cinglée !

— Je te rappelle que nous sommes 5 milliards sur la planète à être confinés, répond Antoine en posant son livre.

— Justement, non. C'est terminé ! La France a déconfiné hier. Alors moi aussi j'ai envie de prendre l'air. Voir la mer. Respirer !

— Tu sors tous les jours avec Chloé après l'école. Je n'ai pas ta chance. Je n'ose même pas aller dans la cour.

— Arrête de te plaindre tout le temps ! Ça fait six semaines que t'es mort. Comme t'étais pas franchement une star, plutôt Mister Nobody, tu devrais pouvoir sortir sans être reconnu. Et puis tu t'es vu ? T'es méconnaissable de toute façon.

Antoine se lève du canapé. Il n'aime pas cette pique méchante et ce regard dédaigneux. Ce n'est quand même pas lui qui a décidé de se raser la tête et de prendre une dizaine de kilos.

— Je croyais que tu voulais continuer ton roman ? Concentre-toi dessus au lieu de passer des heures sur Twitter à ressasser les jérémiades de ta copine Alabama.

— Dakota, pas Alabama ! Tu le fais exprès ?

Gabrielle aimerait bien passer des heures au téléphone avec Dakota, mais de façon imperceptible leurs conversations se sont raccourcies, puis espacées de semaine en semaine. Lors de leur dernier coup de fil, Gabrielle a entendu des voix derrière elle, des éclats de rire, des cris qui l'ont poussée à raccrocher trop vite. Mais pas question de montrer un signe de faiblesse à Antoine. Alors Gabrielle repart au combat.

— Partons dans notre maison des Hamptons. Jusqu'à l'été. Et quand la situation le permettra on ira se marier. Ici ou à Vegas.

— D'abord, ce n'est pas *notre* maison. Et puis tout le monde est dans les Hamptons. On va tomber sur la moitié du Lycée français !

— Tu resteras dans le jardin ! Mais au moins on pourra aller se balader à la plage avec Chloé. Tu as vu ce ciel bleu ?

— Qu'est-ce que tu diras si tu croises quelqu'un qu'on connaît ?

— La vérité. Le meilleur ami d'Antoine possède une maison à Sag Harbor. Il nous héberge gentiment le temps de retrouver des forces avant que nous puissions rentrer en France.

— Je t'invite chez moi, c'est ça ? Tout simplement ?

— Tout simplement. Et tant pis si ça jase.

Cette nuit, Antoine ne parvient pas à fermer l'œil. Gabrielle respire profondément à côté de lui. Elle dort toujours bien après un orgasme. Elle n'a jamais eu autant d'orgasmes que ces derniers jours. Pour être honnête, elle avait rarement des orgasmes quand il s'appelait encore Antoine. Et ils faisaient beaucoup moins l'amour. Depuis qu'ils sont dans cette maison, elle semble avoir toujours envie de lui. Il a lu quelque part que les femmes qui prennent un amant deviennent plus passionnées avec leur mari. Il est devenu l'amant de sa femme tout en restant son mari, avec la désagréable impression d'être cocu. Il n'ose plus la corriger quand elle l'appelle Mark, mais il déteste l'entendre soupirer ce prénom chaque fois qu'elle jouit. Ce gros Mark le trahit toutes les nuits, et par-dessus le marché elle aime ça.

Agacé, il repousse les draps et se lève pour descendre lire dans le salon. Il sursaute quand il croise son reflet dans la salle de bains. Ce ventre lamentable. Cette calvitie. Comment peut-elle être excitée à ce point par sa nouvelle allure ? Il ne comprend plus sa femme.

Il passe vérifier si Chloé dort bien, remonte la couette et s'assied au bord du lit pour la regarder. Il n'a pas encore parlé à Gabrielle des comptes de Mark. Il est resté vague, expliquant qu'ils avaient assez de cash devant eux et qu'avec la valeur des maisons ils étaient tranquilles pour un bon moment. En réalité, ils sont devenus très riches. Il caresse le front de sa fille en lui dégageant doucement les cheveux.

Au salon, il attrape le téléphone de Mark et ouvre l'application Blade. Ça n'a pas fermé avec la crise. Il va obéir à son épouse et réserver le premier vol disponible. Un hélicoptère les attend le 21 mai à 10 heures du matin. Voilà qui ne manque pas de panache ! Antoine mesure parfaitement le danger de ce départ vers les Hamptons. Une connerie abyssale, pour être honnête. Mais, après tout, cela leur permettra sûrement de sortir plus vite de cette impasse. Une forme de délivrance. Épuisé, il se sent incapable de continuer les mensonges plus longtemps. Gabrielle veut prendre le risque de se faire harponner dans les Hamptons ? Libre à elle et advienne que pourra. Dans l'immédiat, elle va adorer ce départ flamboyant, et Antoine pourra bénéficier de quelques jours apaisés.

www.lesmouliere-a-newyork.com
Post #20 - samedi 23 mai 2020

Chers tous,
Antoine est mort depuis plus de six semaines, bientôt sept. Je commence à peine à réaliser ce qu'il m'arrive.
Nous avons quitté l'appartement de New York. J'avais le sentiment de voir Antoine dès que j'entrais dans une pièce. Chloé avait besoin de bouger elle aussi. L'année scolaire va se terminer en ligne. Nous aurions pu rentrer en France, mais j'ai encore des choses à régler et je ne veux pas obliger ma fille à subir les désagréments du décalage horaire pour ses cours. Elle pourrait manquer l'école, je suis largement capable de lui faire la classe à la maison, mais il est essentiel qu'elle puisse être occupée et avoir un peu de distraction en ce moment.
Tout était tellement triste pour nous deux, seules au monde dans cette ville dévastée,

que j'ai fini par accepter l'invitation de Mark. C'est un ami d'Antoine dont je vous ai déjà parlé. Il possède une maison dans les Hamptons, pas loin de la mer, où nous allons souffler avant notre retour.

Mark est très discret. Ce célibataire a gentiment accepté de voir débarquer chez lui deux êtres abîmés par la vie. Il le fait pour Antoine. Il respecte notre deuil et les épuisantes oscillations entre désespoir et fragiles instants de bien-être. J'ai le sentiment de parvenir enfin à respirer. Un lieu sans souvenirs. Et il y a une piscine qui fait la joie de ma petite Chloé. Je vais pouvoir me promener tous les matins sur la plage. Je me sens à l'abri, loin de la maladie, loin de la mort d'Antoine. Entourée de nature et de bienveillance. J'ai fait une nuit complète pour la première fois depuis le 3 avril. Je sais qu'ici nous allons nous réparer un peu. Puis nous viendrons vous retrouver.

J'ai compris que certains d'entre vous acceptaient mal notre repli. Je vous remercie de vous inquiéter pour nous et de montrer ainsi votre désir de nous entourer. Mais je vous demande aussi de m'encourager, sans discuter mes décisions, et de garder pour vous vos remarques. C'est déjà assez difficile. Je fais ce que je peux pour survivre et aider Chloé à surmonter la mort de son papa adoré. Je n'ai pas besoin de conseils, surtout s'ils viennent ajouter du trouble à cette période traumatisante. Désolée d'être brutale, mais je dois être forte. Monter l'Everest par la face nord, sans préparation ni matériel adapté, est une épreuve qui ne laisse aucune place au doute. Je suis certaine que vous me comprenez.

Merci.
Je vous aime,

Gabrielle et Chloé

I Can't Breathe

Évidemment, ce qui devait arriver arriva… Dès la première semaine, en faisant des courses chez Citarella, le supermarché chic d'East Hampton, Gabrielle tombe nez à nez avec Emmanuel, le marchand d'art. Malgré son masque et la surprise de la voir, il la reconnaît tout de suite, alors qu'il était certain qu'elle était déjà rentrée en France. Très courtois, il lui présente ses condoléances et prend de ses nouvelles, cherchant discrètement à savoir ce qu'elle peut bien faire ici. Par chance, Chloé ne l'a pas accompagnée. Sans s'étendre sur les détails de la mort de son mari, Gabrielle raconte le cauchemar des dernières semaines à New York et l'invitation de Mark, un vieux copain d'Antoine, à venir se reposer en bord de mer. Emmanuel se montre charmant. Il ne semble pas traumatisé par le Covid et l'invite à un dîner organisé avec Rebecca, son épouse, dans leur *beach house* début juin. Par mesure de précaution, le repas aura lieu dans le jardin, mais ils ne demandent pas de tests. Ils seront entre gens de bonne compagnie et personne ne prendra le risque de contaminer les membres de leur communauté. Un peu embarrassé, il précise que les invités doivent s'habiller en blanc. Bien sûr, dans sa situation, Rebecca et lui comprendront que… Elle vient à son secours, s'empressant d'expliquer qu'elle n'est pas d'une génération à porter le deuil. Aimable jusqu'au bout, il ne manque pas d'ajouter qu'ils seront ravis de rencontrer son ami Mark. Gabrielle préfère couper court d'emblée. Mark ne viendra pas, c'est un ours et il fuit les mondanités. Elle ajoute en riant qu'il ne connaît même pas le prénom de ses voisins.

Antoine préfère ne rien dire quand Gabrielle lui raconte cette conversation tout en déchargeant les courses de la voiture. Il savait que ça se passerait comme ça. Il la regarde avec un demi-sourire.

— Et qu'est-ce que tu comptes faire ?

— Quelle drôle de question… Je n'ai aucune raison de me cacher ! Et Chloé sera ravie d'un tête-à-tête avec son papa.

Elle semble très guillerette. Depuis leur arrivée dans cette maison, elle virevolte, épanouie et sans arrière-pensées. Rien à voir avec l'humeur détestable des dernières semaines à New York. Antoine a pris le parti de ne plus la contredire ni de mettre en cause ses projets.

— La voiture est vraiment démente. Je n'avais jamais conduit un truc pareil. J'adore !

— Une Porsche Cayenne, on a connu pire.

— Il ne s'est pas foutu de nous, quand même, entre cette baraque et la bagnole.

Antoine la regarde, interloqué. Ce pauvre Mark n'avait pas précisément acheté sa maison de Sag Harbor ni son bolide de luxe dans la perspective de se faire usurper son identité ou de leur faire plaisir. Il revoit son ami lui dire lors d'une séance de jogging qu'à force de tordre la réalité on finit par croire à ses propres mensonges.

Contrairement à sa maison de New York, assez sombre, la lumière pénètre toute la journée dans la résidence secondaire de Mark. À l'abri des voisins grâce à une haie touffue, il avait pu aménager de larges ouvertures orientées plein sud, vers la piscine. Tout est clair, du carrelage au mobilier en bois blond. Gabrielle s'est tout de suite sentie à son aise dans cette neutralité bienveillante. Elle respire mieux ici.

— À propos de maison, ajoute-t-elle en tournant son transat face au soleil, j'ai reçu un mail des déménageurs. L'appartement est vidé. Toutes nos affaires sont au *storage*. Et ils ont rendu les clés au *doorman*. Une bonne chose de réglée.

— Je regretterai toujours la vue de cet appartement.

— Arrête de regarder le passé, mon chéri. Tu viens te baigner ?

Il y a quelque temps, après avoir pas mal hésité, Antoine a fini par se décider à montrer leurs comptes bancaires à Gabrielle. D'un commun accord, il a utilisé ses talents de financier pour répartir l'argent autrement. Un million de dollars a été laissé sur le compte courant de Mark, pour leurs dépenses quotidiennes. Le cours du bitcoin étant descendu sous la barre des 10 000 dollars, Antoine a préféré ne pas toucher à ce portefeuille dans l'immédiat. Son ami était convaincu que les cryptomonnaies allaient remonter en flèche après la crise sanitaire, et il a choisi de suivre ses prévisions. D'ailleurs, ils n'ont aucun besoin de cet argent pour l'instant. Il a donné à Gabrielle la clé numérique du *wallet* et le mot de passe. Si jamais il devait lui arriver quelque chose, c'est plus prudent. Personne n'est à l'abri de rien. Il suffit de regarder ce pauvre Mark. Ensuite, il a ouvert deux comptes à la First Caribbean International Bank, dans les îles Vierges britanniques. L'un au nom de Mark, l'autre à celui de Gabrielle. Ce territoire des Caraïbes est l'un des derniers où le secret bancaire reste garanti et où les virements internationaux inférieurs à 1 million de dollars ne soulèvent pas de questions. Il a placé précisément 950 000 dollars sur chacun des deux comptes et donné à Gabrielle toutes les informations nécessaires pour pouvoir rapatrier l'argent en toute discrétion. À la rentrée de septembre, ils mettront en vente la villa des Hamptons et utiliseront cette somme pour s'acheter une maison quelque part. Quand il a évoqué la discrétion de l'arrière-Pays basque, elle a détourné le regard sans répondre.

Malgré leurs millions tout neufs, ils ne pourront jamais se payer une maison comme celle d'Emmanuel et de Rebecca, songe Gabrielle en garant la Porsche devant une immense villa contemporaine. Tout en bois et en longueur, littéralement posée sur la plage d'East Hampton, elle est construite à hauteur parfaite pour être admirée des promeneurs tout en préservant l'intimité de la piscine et du jardin. Le salon déborde d'œuvres d'art contemporain. Une dizaine d'invités sont déjà installés sur les larges canapés beiges de l'immense terrasse. Avec soulagement, Gabrielle constate ne connaître personne en dehors de ses hôtes. Via la communauté du lycée, plusieurs convives ont entendu parler du drame qu'elle vient de vivre. Certains lui disent avoir beaucoup pensé à elle ces dernières semaines, mais tous restent discrets. Elle ne doute pas qu'Emmanuel et sa femme ont demandé à chacun de ne pas l'importuner avec des questions personnelles. Une phrase gentille, rien de plus.

La tablée est internationale, avec quelques couples franco-américains assez à l'aise pour que la conversation puisse se dérouler en français. Gabrielle déteste les dîners où tout le monde se force à parler en anglais sous prétexte qu'un seul convive est américain.

— J'ai vu les photos sublimes de vos enfants dans la piscine, lance Victoria, une brune assez jolie. C'est toi qui les as prises, Rebecca ?

— Non, c'est Carter, notre coach sportif.

— Il est hyper doué.

— C'est son métier ! Il fait coach en attendant de percer dans la photo. On lui fait de la pub en les postant sur notre Instagram.

— Moi, je n'ose plus rien mettre sur Insta, répond Rachelle. Les réactions des gens sont devenues tellement incongrues ! Violentes, même.

— Cela dit, ils sont tous enfermés à double tour dans des appartements minuscules. Donc des photos de piscine en ce moment, c'est vrai que ça peut sembler indécent.

— Pourquoi tu dis ça, Thomas ? demande Emmanuel. Toujours niveler par le bas… Cette jalousie mal placée, on se croirait en France… Je te rappelle que je ne l'ai pas volée, ma piscine.

— À propos d'Insta, intervient Catherine, vous avez vu tous ces carrés noirs aujourd'hui ? Ça plombe l'ambiance, on dirait des images de deuil.

— C'est un peu l'idée, rétorque Paul avec un demi-sourire. Après la mort de ce pauvre type.

— George Floyd, un pauvre type ? Il m'avait surtout l'air d'un drôle de type. Pas très clair, si tu veux mon avis.

Gabrielle les entend sans les écouter. Elle sait vaguement de quoi ils parlent, sans bien connaître les détails de l'histoire. Toutes ces conversations ne l'intéressent pas et se mélangent dans son esprit. Elle regrette d'être venue. Pour la première fois depuis longtemps, elle se sent fatiguée de faire semblant, de devoir tenir un rôle devant ces inconnus dont elle se moque éperdument. Par chance, personne ne fait très attention à elle.

— Alors, qui a posté son petit carré noir ? demande Emmanuel en riant.

— Moi, et je n'avais pas trop le choix, répond Grégoire. Sinon je me serais fait lyncher par la moitié de mes employés.

— Pareil pour nous. Pour éviter de nous fâcher avec les enfants.

— On pourrait peut-être parler de choses plus joyeuses ? propose Rebecca en désignant discrètement du regard la pauvre Gabrielle, mais personne ne semble saisir ce qu'elle essaie de faire comprendre.

— Et voilà ! reprend Emmanuel sans écouter sa femme. C'est bien ce que je disais. Il faut faire comme tout le monde, sinon on se fait pourrir. Encore le diktat de la culture bien-pensante.

Rebecca parvient à faire diversion un instant en cherchant à savoir s'il y a des amateurs de fromage. Malgré ses efforts, la conversation reprend de plus belle.

— En tout cas, dit Eva, je suis contente que nos enfants ne soient pas exposés à tout ça. Paul est super vigilant là-dessus. La règle est claire à la maison : pas de smartphone avant 16 ans.

— Toi qui as monté une boîte dans le digital, Paul, c'est pas un peu paradoxal ?

— Justement, je suis suffisamment conscient des dégâts pour ne pas laisser nos enfants avoir accès à tout ça.

Gabrielle attrape un plat vide et se lève pour fuir la conversation. On croirait entendre ces marchands d'armes qui pleurnichent à chaque tuerie, jurant qu'il y aurait moins de victimes si tout le monde était armé pour se défendre. Elle suit Rebecca jusqu'à la cuisine. Les deux femmes discutent de choses plus légères en remplissant le lave-vaisselle.

— Avec ce Covid, plus moyen de trouver des employés. On est obligés de tout faire nous-mêmes !

Quand Gabrielle traverse le salon pour retourner à table, son regard est attiré par l'écran branché sur CNN. Le son est coupé mais les images insoutenables de la mise à mort de George Floyd tournent en boucle. Il est en train d'étouffer, littéralement étranglé par les flics qui l'encerclent. Peu importe ce qu'a pu faire cet homme, personne ne mérite de mourir comme ça. En voyant Gabrielle figée devant l'écran, Rebecca éteint la télé sans rien dire, puis la prend gentiment par l'épaule et la ramène vers la terrasse.

Gabrielle se rassoit sans parvenir à calmer le tremblement de ses mains. Elle ignore combien de temps elle va encore pouvoir tenir. Soudain, à l'autre bout de la table, Catherine se lève, son verre à la main.

— Les amis, trinquons ! Au Coronavirus ! Aux Hamptons juste pour nous, tranquilles, sans les touristes ni les curieux. En plus il fait un temps magnifique… Avouez qu'on passe quand même un moment béni !

Gabrielle juge l'occasion assez bonne pour foutre le camp. Elle se lève elle aussi pour aller embrasser Rebecca et Emmanuel.

— Pardonnez-moi, je suis exténuée. Et je dois coucher Chloé. Merci encore pour votre invitation.

En s'éloignant, elle imagine facilement les reproches de Rebecca sur cette idée stupide de trinquer au Covid. *Je te rappelle que son mari est mort. Non, pas de ça, mais quand même ! Tu pourrais faire attention à ce que tu dis.*

Yoga

Effaré, Antoine écoute Gabrielle lui faire le récit de son dîner. Il s'étonne qu'elle n'ait pas réagi avec plus de virulence. D'habitude, elle démarre au quart de tour. Elle déteste ces démocrates hypocrites qui s'arrangent au fond assez bien de l'idée de suprématie blanche défendue haut et fort par les machos trumpistes du Midwest.

— Je devais tenir mon rôle de veuve. Au début, je n'ai rien compris avec leur histoire de carrés noirs.

— Pourtant, t'es tout le temps sur les réseaux. On parle que de ça depuis deux jours.

— Comme quoi on regarde que ce qui nous intéresse…

— Tu sais, je ne suis pas sûr qu'ils soient vraiment racistes. Juste convaincus d'être les meilleurs.

— Tu expliqueras la nuance à la famille du type qui est mort. Ils sont perchés. Zéro empathie. En vase clos, vaguement consanguins. S'ils étaient moins cons, ils me feraient presque pitié. Mais là je dois reconnaître que c'est toi qui avais raison.

— À quel propos ?

— Quand tu me disais que tu te méfiais de la communauté française, de ces expatriés qui vivent entre eux.

— C'est Mark qui m'a alerté à ce sujet. Il détestait le profil de profiteur surprotégé.

— Pour une fois, il avait raison, cet abruti !

— C'est bon. On a aussi rencontré plein de Français sympas depuis notre arrivée.

— En tout cas, eux, ils ne s'emmerdent pas. La baraque sur la plage, le coach sportif, les tableaux de David Hockney…

— Babs, il y a à peine trois mois il nous restait moins de 10 000 dollars pour vivre. En tout et pour tout. Aujourd'hui, on a des millions à la banque, une maison ici, une autre à New York. Qu'est-ce que tu veux de plus ?

— Toi, imbécile ! Allez, t'as raison, on s'en fout de ces gens. Arrête de parler et viens m'embrasser.

Gabrielle s'installe confortablement dans les draps défaits, relevant haut les jambes sur son ventre. La frénésie joyeuse qu'elle déploie pendant l'amour ces dernières semaines ne cesse de surprendre Antoine. Elle se tourne vers lui, souriante, alors qu'il peine à reprendre son souffle.

— Damien m'a appelée aujourd'hui. Ils ont discuté avec George, et finalement ils veulent récupérer au plus vite tes parts de SmartEdu.com.

— Ça ne m'étonne pas. Dix pour cent de la boîte dans la nature, il ne doit plus dormir tranquille, George. Il t'a fait une offre ?

— Deux cent cinquante mille dollars.

Antoine émet un long sifflement admiratif.

— *Easy money.* Ils se la jouent grands seigneurs.

— J'ai refusé.

Il se redresse et la regarde.

— Mais pourquoi ? C'est largement plus que la valeur de la boîte.

— Ce que tu peux être naïf ! Ils ont simplifié ton projet de départ, en supprimant l'intelligence artificielle. Le truc est devenu une plate-forme d'études en ligne avec des sessions Zoom, des modules de partage de connaissances et des outils éducatifs en bonus. Un truc spécial pandémie. Ils ont déjà signé avec la ville de New York. Tous les élèves des *public schools* seront équipés à la rentrée et ils espèrent remporter d'autres contrats partout aux US. Ils s'apprêtent à gagner des millions sur ton dos.

— Et alors ? Tant mieux pour eux ! Ils ont fait le job, après tout. Et 250 000, c'est un super deal pour nous. *Cash out and fuck off.* Il faut le rappeler.

— Je lui ai expliqué que je ne pouvais pas accepter de sortir de l'affaire comme ça. C'était ton projet, et en ta mémoire je me dois de rester à bord. Je lui ai même proposé, en tant qu'ancienne enseignante, d'avoir une place au *board*. Je suis légitime.

— Légitime, mon cul ! T'es dingue ! Il faut couper tous les ponts. Plus tu resteras proche de gens qui me connaissaient, plus on risque de se faire gauler. Rappelle-le. Comment t'as pu lui dire une connerie pareille ?

— Tu te calmes ? Je sais ce que je fais, Mark. Alors baisse d'un ton et arrête de m'agresser.

— Mais lâche-moi avec ce Mark à la con ! Tu commences vraiment à me faire chier ! Toute cette histoire commence vraiment à me faire chier, d'ailleurs ! Tu sais ce que m'a dit Chloé ce soir pendant que tu t'amusais à ton dîner ? « J'aimais mieux mon papa d'avant. » Tu t'imagines entendre ça ?

— Elle a 6 ans, tu sais bien qu'elle ne le pense pas. Elle devait parler de tes cheveux.

— Elle a 6 ans, mais elle n'est pas débile. Je ne sors jamais avec vous, tu m'appelles Mark, t'as la main sur le Wi-Fi quand elle est en Zoom avec sa classe, prête à débrancher le réseau si quelqu'un lui parle de moi. Elle voit bien qu'un truc ne tourne pas rond.

— Ça va se tasser.

Il la regarde, toujours surpris par la façade d'indifférence qu'elle affiche dès qu'il lui confie ses sentiments. Et s'agace intérieurement de cette pseudo-pose de yoga qu'elle prend, comme si elle n'en avait rien à foutre de leur conversation. Une vraie adolescente en crise.

— Pourquoi tu te tiens comme ça ? J'essaie de te parler sérieusement. C'est agaçant ! Je croyais que t'avais laissé tomber ces conneries de yoga ?

— Je t'écoute très sérieusement, mon amour. Mais c'est la meilleure position pour tomber enceinte après l'amour. Et aujourd'hui je suis en pleine ovulation.

Il s'attendait à tout sauf à ça. Par réflexe, il se lève d'un bond, abasourdi. Il marche autour du lit sans parvenir à se calmer.

— Tu te fous de moi ?

— Réfléchis bien. C'est le moment rêvé pour faire un deuxième enfant. Comme une famille recomposée.

— Recomposée de quoi ? On est toujours la même famille.

— Plus vraiment. Ne me regarde pas comme ça, tu vois bien ce que je veux dire. Recomposée depuis la mort d'Antoine.

— T'as perdu la boule ou quoi ? Je suis là, devant toi ! Merde, tu deviens vraiment barjo !

— Je t'ai demandé de ne pas m'agresser. Et puis t'es flippant, là, à t'agiter à poil comme ça ! On dirait que tu vas me frapper. Tu pourrais au moins mettre un slip !

— Te frapper ? Tu me prends pour qui ?

— Oh, le couplet ça n'arrive qu'aux autres, merci bien ! J'ai entendu assez d'histoires de types soi-disant très bien qui tabassaient leur bonne femme pour un mot de travers. Ça suffit, j'ai besoin de paix intérieure pour bien accueillir cette grossesse. Telle que tu me vois, là, je féconde.

— D'où ça sort, ce désir d'enfant ?

— C'est venu très vite après notre arrivée à New York. La ville de tous les possibles, n'est-ce pas ?

— Mais on aurait quand même pu en parler ! Pourquoi tu ne m'as rien demandé ?

— Pour te voir dégainer aussitôt tes statistiques sur les risques courus et ces vieilles histoires sur mon placenta ?

— Mais c'est la réalité ! Tu te souviens du médecin ? « Ne tentez pas le diable. » Je l'entends encore.

— Tout ça c'était avant. Je suis certaine que tout va bien, maintenant. Ici la médecine est géniale et puis fais-moi confiance. Mon corps n'est plus le même. Je le sens. Je le sais. Mes ovaires, mon placenta, tout a changé. Même ton sperme, mon amour.

— Arrête avec « mon amour » ! Et si je refuse ?

— Tu peux toujours continuer à t'énerver, mon chéri. C'est mon corps. Et je veux cet enfant.

— Je vais dormir dans la chambre d'amis. Non, mieux que ça, je me tire ! Hors de question de rester une seconde de plus dans cette maison à t'écouter m'humilier.

Six Pack

Antoine a enfilé l'éternel jean noir de Mark et l'un de ses hoodies déformés. Il a laissé un mot dans la cuisine puis attrapé les clés de la Porsche. Direction New York !

En arrivant chez son ami, il s'est écroulé sur le canapé avec une bouteille de bourbon. Cette histoire de bébé, c'est vraiment la goutte d'eau. Maintenant, il comprend mieux leurs multiples ébats et les orgasmes à répétition de Gabrielle. Simuler pour stimuler. Bande et boucle-la. Une fois de plus, il n'a rien vu venir.

Quand le soleil le réveille le matin, il a un mal de crâne tenace et l'impression d'avoir laissé un morceau de son cerveau dans les Hamptons. Il est plus de midi, il n'avait pas dormi si tard depuis des années. Après une douche miraculeuse, il décide d'oublier sa prudence habituelle et sort marcher dans les rues du Village, équipé de sa traditionnelle panoplie de camouflage. Masque, casquette et lunettes noires. Les sensations des premiers jours à New York lui reviennent, quand il déambulait au hasard des rues pour occuper son temps. Mais aujourd'hui il n'y a plus personne à suivre. Cette ville abandonnée semble d'une tristesse infinie.

Inconsciemment, ses pas l'ont guidé jusqu'à Perry Street. Il retrouve le petit escalier de la maison où il a rencontré Shun autrefois et s'assied sur les marches avec émotion. Tout cela semble si loin. Le pressing est fermé, comme tous les commerces de la ville en dehors des épiceries. Il retire son masque le temps de fumer une cigarette.

— Antoine ? C'est bien toi ?

Sidéré d'entendre son prénom surgir du passé, Antoine remonte brusquement son masque et jette sa cigarette sans réfléchir.

— Shun ? Qu'est-ce que tu fais ici ?

— C'est plutôt à moi de te demander ça !

Antoine se lève, prêt à le prendre dans ses bras pour un *hug* de retrouvailles, mais se retient au dernier moment et lui tend son coude en signe de salut.

— Ça me fait plaisir de te voir. Comment ça va ?

— Moi, pas trop mal. Mais toi tu *look like shit, man*. T'as pris cher. J'ai failli pas te reconnaître !

— Dix kilos ! Trop de chips sur le canapé. Les dommages collatéraux du Covid.

Shun s'installe à côté de lui en riant. Les deux hommes évoquent les dernières semaines. Antoine fait attention à tout ce qu'il dit.

— Je suis désolé de t'avoir planté du jour au lendemain. Tu ne m'en veux pas ?

— Je savais bien qu'un type comme toi ne resterait pas longtemps livreur. Et puis t'étais franchement mauvais. Ça m'a évité de devoir te virer.

— Mauvais, c'est vite dit. T'as vu les pourboires que je rapportais ?

Shun éclate de rire et tend la main à Antoine pour un *high five*. Il désigne d'un coup de menton sa boutique fermée.

— C'était le bon temps. Maintenant plus de clients, plus de livreur, plus de business.

— Tu vas t'en sortir ?

— Les clients vont bien finir par revenir.

— Tout est désert. J'ai du mal à reconnaître le quartier.

— J'ai du mal à reconnaître ma ville. Tout est sous tension. Et être chinois en ce moment, c'est pas un cadeau.

— Qu'est-ce que tu veux dire ?

— Notre communauté prend cher. Comme si chaque Chinois avait ramené le virus dans ses bagages. Genre fucking complot contre l'Amérique. Pas un jour sans que je me fasse injurier.

— Je n'y avais pas pensé.

— Les médias n'en parlent pas. Il n'y en a que pour les Afros. Mais tu verras, bientôt, un Chinois se fera descendre.

— Putain de pays !

— La France te manque ?

— J'ai tellement voulu venir ici… je ne vais pas commencer à me plaindre. Mais là, depuis quelque temps, j'ai le sentiment de m'être complètement perdu.

— Tu vas me raconter ça. Mais d'abord on va s'acheter des bières. Viens !

Au réveil, après avoir constaté qu'Antoine avait bel et bien fichu le camp, Gabrielle a trouvé un SMS de Dakota expliquant qu'elle ne reviendrait pas à New York. La peur du Covid et l'envie de nouveaux horizons. Elle s'installe en Californie. Pour de bon. Los Angeles, probablement. Elle a besoin de l'aide de l'océan pour y voir clair.

Puis Gabrielle s'est laissé emporter par la nostalgie en regardant les selfies qu'elles avaient faits ensemble, façon *Thelma et Louise*. Elle a tellement aimé cette courte période de liberté et d'aventure ! Au-delà de la cause qu'elles défendaient, elle se sentait indomptable au côté de cette fille.

Puis, d'un geste brusque, elle a balancé son téléphone sur le lit. Ce n'était pas le moment de baisser les bras.

Ils ont descendu pas mal de canettes de Tsingtao avant de se séparer à la tombée de la nuit. Antoine a été tenté de tout raconter à Shun, mais il a su garder le silence. D'un pas mal assuré, il rentre chez Mark et partira à l'aube pour retrouver sa femme et sa fille. Au coin de Bedford et de Downing Street, il croise trois jeunes Noirs assez agités. Depuis le meurtre de George Floyd, des marches sont organisées tous les jours par Black Lives Matter. Après des semaines de confinement, cette exécution policière a mis le feu aux poudres et la tension est électrique dans la ville. Antoine s'écarte sur le trottoir pour les laisser passer. L'un des deux types s'écarte aussi, dans le même sens, lui bloquant le passage. Puis il l'interpelle avec fièvre, les yeux plantés dans les siens.

— Tu fais quoi, là, mec ?

— Je rentre chez moi.

— La manif, c'est de l'autre côté, lui répond le type en pointant la direction opposée.

— Tu peux te pousser, s'il te plaît ? Je rentre chez moi.

— Rien à foutre. T'es avec nous ou pas ? Parce que c'est par là, je te dis.

— Allez, bouge, maintenant !

Antoine a trop bu. Il fait un mouvement brusque. Son bras tendu, autoritaire, vient toucher la poitrine de son interlocuteur. Le type se rapproche encore. Il ne porte pas de masque et Antoine sent son souffle sur son visage.

— Tu te crois où ? Me touche pas ! Bien sûr t'es contre nous, sinon tu foutrais quoi ici, *motherfucker* ?

— Pas la peine de m'injurier ! Vous n'arriverez à rien si vous êtes toujours aussi agressifs. C'est quand même pas compliqué à comprendre…

Le poing gauche jaillit pour venir percuter la mâchoire d'Antoine à pleine vitesse. En une seconde il est à terre. L'homme le regarde en riant puis lui crache dans les yeux, juste au-dessus de son masque. Un mollard bien épais. Parfaitement envoyé. Un autre type, le plus jeune des trois, s'approche et lui balance un coup de pied foudroyant dans les côtes. L'envie de participer devait être trop forte.

Longtemps après leur fuite, leurs cris résonnent encore dans l'esprit d'Antoine.

Bye, Bitches

Si tu n'es pas avec moi, tu es contre moi.

Antoine récupère lentement : il a eu beaucoup de chance hier soir. Ces jeunes mecs n'étaient pas des tueurs et il s'en sort plutôt bien : une lèvre fendue, un joli hématome et une grosse douleur dans les côtes. Une bonne dose de Tylenol PM, de la glace et une longue nuit de sommeil l'ont à peu près remis sur pied. Mais cette agression lui a fait très peur. Pourtant, c'étaient probablement de braves types poussés à bout par les violences policières, le racisme latent de ce pays et un sentiment d'injustice très fort. Le monde se disloque, polarisé, coupé en morceaux irréconciliables.

Si tu n'es pas avec moi, tu es contre moi et je te déteste.

Générations. Races. Genre. Opinions. Tout est devenu idéologique. La colère s'est imposée partout. Et avec elle les coups dans la gueule au détour d'une rue. Taire la nuance. Bâillonner les demi-teintes. Glorifier les divisions. Sommer de choisir son camp. La guerre est déclarée.

Si tu n'es pas avec moi, tu es contre moi. Je te déteste et je vais te détruire.

Il envoie un message à Gabrielle pour la prévenir qu'il ne rentrera que le lendemain, sans raconter son passage à tabac. Il se refuse à impressionner Chloé avec sa tête de boxeur et a besoin d'une journée de plus pour se remettre et réfléchir. Sa femme l'inquiète. À l'image du chaos actuel, son œil devient mauvais dès qu'il ne se range pas de son côté. Cette manie de vouloir tout régenter, d'avoir toujours raison, de ne plus supporter la contradiction…

Avec moi ou contre moi.

Jamais plus elle ne voudra bouger. Il en est convaincu à présent. Son agression a eu le mérite de l'aider à y voir clair. Gabrielle a décidé de rester ici, d'embrasser leur nouvelle vie, de reconstruire un couple, avec Mark, en effaçant Antoine. Il ne doit se faire aucune illusion : elle ne reviendra pas en arrière. Il faudrait être déraisonnablement optimiste pour espérer que les choses s'arrangent toutes seules.

Heureusement, il tient peut-être l'idée qui obligera Gabrielle à changer d'avis.

Le lendemain matin, Chloé l'attend avec impatience dans la cour de la maison. Il les a prévenues de son arrivée imminente. Sa fille se jette dans ses bras, le couvrant de baisers, heureuse de retrouver son papa. Il ne parvient pas à retenir une grimace de douleur quand elle l'embrasse. Sa mâchoire le fait encore souffrir.

Une fois à l'intérieur de la maison, il retire son masque, découvrant son visage meurtri, et rassure sa fille. Tout va bien, dans quelques jours, il n'y paraîtra plus. Gabrielle prend à peine le temps de jeter un œil à sa blessure.

En fin de journée, ils cèdent au caprice de Chloé, désireuse d'aller à la plage, accompagnée pour une fois de ses deux parents. À la sortie d'Amagansett, Gabrielle a repéré un accès assez confidentiel. La plage s'étend sur des dizaines de kilomètres, et en marchant un peu il est facile de s'isoler.

Assis sur le sable, ils regardent la mer pendant que leur fille court derrière des goélands. Sur la route, ils se sont arrêtés acheter deux thés matcha à emporter. Ils soufflent sur leur gobelet pour le refroidir. Antoine raconte son agression et la trouille qu'il a eue, surtout a posteriori.

— J'ai pris conscience que si tes potes des Black Lives Matter m'avaient tué, jamais je n'aurais pu dire la vérité à ma mère.

— Ce ne sont pas mes potes, pourquoi tu dis ça ?

— La solidarité des opprimés.

— Très drôle… La violence masculine, ça se saurait si c'était une question de race. Rien à voir avec le fait qu'ils soient noirs. Et au moins, eux, ils ont une excuse. Il y a de quoi être à cran quand on voit ce qu'on voit. Toi, tu vas vite t'en remettre.

— Si tu le dis, répond Antoine en se massant la mâchoire.

— Tu parles de quelle vérité, exactement, à propos de ta mère ?

— Que je ne suis pas mort ! Que toute cette histoire était une connerie. Que son fils est toujours vivant. J'ai pris ma décision, je ne veux plus laisser mes parents dans cette douleur. Il n'y a rien de pire que perdre un enfant. Comment j'ai pu leur faire un truc pareil ?

— On n'avait pas le choix.

— Tu rigoles ? Bien sûr que si ! On peut encore les mettre dans la confidence. Je dois leur dire la vérité.

— C'est trop tôt, trop risqué. Et puis comment tu comptes t'y prendre ? Tu ne vas quand même pas les appeler genre « Allô, c'est moi, finalement tout va bien » ?

— Non, évidemment, tu as raison. Voilà pourquoi on va rentrer. J'irai les voir. Ça aussi, je l'ai décidé à New York. Imagine que mon père tombe malade, là, maintenant. Le Covid ou autre chose. Tu crois vraiment que je peux rester ici à me tourner les pouces ?

Antoine boit une longue gorgée, sans lâcher Gabrielle des yeux. Il attend sa réaction et ajoute :

— Tu n'as rien à me dire ?

Gabrielle répond sans se démonter. Elle trouve cette idée stupide. Antoine se laisse déborder par l'émotion de son agression. Il ne doit pas réagir si brutalement. Ils se taisent quand Chloé arrive, suppliant son père de venir jouer avec elle. Antoine l'aide à démarrer la construction d'un château, puis rejoint rapidement sa femme. Gabrielle a enlevé son tee-shirt pour profiter du soleil. Elle a encore maigri, se dit-il. Elle le regarde à peine, souffle toujours sur son thé et sourit à sa fille dépitée de voir son père s'éloigner de nouveau.

— Alors ? reprend Antoine.

— Alors quoi ? Tu m'énerves à la fin ! Qu'est-ce que tu veux que je te dise ?

— C'est bon, ajoute Antoine faussement impassible, le regard perdu vers l'océan.

Au bout d'une longue minute, il se retourne vers Gabrielle avec un sourire encourageant.

— Ils vont finir par trouver un vaccin, Babs. Le Covid va s'arrêter, la vie va reprendre et les masques vont tomber. Fini l'anonymat. On est grillés, ici. Et je dois rentrer rassurer ma famille, mes parents, et leur demander pardon. Ils ne diront rien à personne. Peut-être aussi revoir quelques-uns de nos amis, les plus proches. On décidera sur place. Après, on pourra s'installer dans un coin tranquille, et avec l'argent de Mark tout ira bien. Pourquoi pas le Pays basque ?

Il attend quelques secondes, espérant une réaction qui ne vient pas. Il reprend :

— J'ai vérifié, il reste un vol par semaine pour Paris. Nous allons partir, tous les trois dans le même avion, mais séparément. Moi avec le passeport de Mark, et toi avec Chloé. On arrivera en avance à JFK, vous risquez d'être emmerdées par la douane. Avec un *overstay* de plusieurs mois, les autorités vont te prendre à part pour une conversation musclée. Tu seras interdite de séjour aux US pour un bon moment, mais ils ne peuvent pas t'empêcher de partir. Surtout accompagnée de Chloé et si tu joues bien ton rôle de veuve paumée, mes cendres sous le bras. Bye bye les Ricains, ciao la compagnie, on se tire d'ici ! De toute façon, ce pays est en train de prendre l'eau de tous les côtés. Regarde les dingues qui me sont tombés dessus.

— Au contraire, ce pays se réveille enfin !

— En pétant la gueule des gens dans la rue ? Merci, mais sans moi. Écoute : officiellement, je reste Mark, on se marie en France, on se réinvente une vie. Et pourquoi pas cette histoire d'enfant ? Là aussi, j'ai réfléchi, je crois que tu as raison, c'est le bon moment.

Gabrielle ne répond pas. Elle se contente de le fixer en silence, dans un mélange d'agacement et de pitié.

— Ne me regarde pas comme ça. Je ne suis pas débile ! Et je ne suis pas non plus ton élève. Tu t'es bien foutue de moi en plus ! T'as pas reçu un mail de ma sœur ?

— Oh, donc c'est ça ton délire sur ton père malade… ?

— Oui, c'est ça ! Tu apprends hier que mon père est hospitalisé, peut-être en train de crever du Covid, et toi tu préfères te taire. Pourtant, je t'ai tendu plusieurs perches. Mais non, rien, tu fermes ta gueule pour ne pas bousculer tes plans. Jusqu'où tu es prête à aller ? Je ne te reconnais plus, Babs.

— Arrête ! Depuis le début je sais que tu te caches derrière cet e-mail. Tu crois vraiment que j'allais tomber dans ce piège à la con ?

— Hum… Comment t'as su que c'était moi ?

— Parce qu'il va très bien, ton père, et que j'ai reconnu tout de suite ton style tordu. Et pourquoi ta sœur m'aurait écrit dans l'état où je suis ? Avec cette adresse mail bizarre, en plus ?

— Ce n'était pas un piège, Gabrielle, c'était un test. Et on ne peut pas dire que tu l'aies réussi.

— Si, justement, je l'ai très bien réussi ! Si tu veux me duper, applique-toi. Après tout ce que j'ai fait pour toi, comment tu oses me faire un truc pareil ?

— Ok, c'était une connerie. Mais comprends-moi.

— Appelle-la, ta mère, si tu veux vraiment soulager ta conscience. Mais on reste. On a encore tellement de choses à faire ici ! Pourquoi quitter tout ça ? dit-elle en désignant l'horizon.

— Pour nous, Babs. Pour nous ou ce qu'il en reste.

Cette fois, c'est au tour de Gabrielle de se lever. Elle part jeter rageusement son gobelet de matcha à moitié plein dans une poubelle de la plage. Il tombe à côté, elle ne prend pas la peine de le ramasser et revient s'asseoir en face de lui, dos à la mer.

— Ce qu'il en reste ? C'est bien ce que tu as dit ? Alors on va remettre les choses à plat. Juste les faits. J'ai l'impression que cette histoire t'a fait perdre la mémoire. Ou alors c'est le coup de poing que tu t'es pris.

— Quelle mémoire ?

— Quand on était en France, notre couple allait imploser d'un jour à l'autre. Je te l'ai déjà dit, je pensais à te quitter. Mais j'ai joué le jeu en te suivant ici. J'ai laissé ma famille, mon travail, mes élèves. Je suis partie sans hésiter et sans me retourner. Heureuse de ce nouveau départ. Puis j'ai appris à aimer cette ville. Ce n'était pas facile au début. Entre l'anglais et toutes ces journées seule. Mais je me suis accrochée. Je nous ai fait rencontrer des amis, voir des gens. J'ai organisé des sorties pour nous amuser. Découvrir. Apprendre.

— Moi aussi, je…

— Tu ne voulais pas qu'on se mélange. Tu voulais qu'on reste cachés. Tous les trois. Plus tard, j'ai compris pourquoi. Quand j'ai découvert tes mensonges et ce départ sans filet.

— En mettant un mouchard dans mon téléphone.

— Tu crois que j'avais le choix ? Peu importe. Comme une conne, j'ai pris ton mensonge pour une preuve d'amour. Et je t'ai aidé. Pour te motiver à monter ton projet de start-up. Je t'ai fait répéter. C'est même moi qui ai parlé à George pendant le gala.

— T'as raison, mais…

— Laisse-moi finir. Ensuite, tu as eu cette idée de changement d'identité. C'était dingo, mais à nouveau j'ai pris le risque de te suivre. J'ai même trouvé ça romanesque…

— Romanesque ?

— Oui, figure-toi. Romanesque. C'était un bon moyen de s'en sortir. Moralement limite, mais plutôt malin. Puis j'en ai bavé. À t'enterrer. À répondre aux dizaines de coups de fil. À jouer à la veuve. À consoler ta mère. À surveiller Chloé comme l'huile sur le feu.

— Le lait… Le lait sur le feu, pas l'huile.

Agacée d'être à nouveau interrompue, Gabrielle bazarde la petite pyramide qu'il était en train d'agencer avec trois cailloux et lui jette un regard glaçant, lui intimant de garder le silence.

— En tout cas, je m'en suis bouffé. Pourtant j'ai continué à aller de l'avant. Nous sauver. Faire l'amour. Et ces derniers temps j'ai adoré faire l'amour avec toi. Nous avons découvert un nouveau plaisir, une liberté, un lâcher-prise. C'est merveilleux. Je t'ai même proposé de faire un enfant.

— Proposé ?

— Arrête de jouer sur les mots, tu sais très bien ce que je veux dire. Tu en connais beaucoup des femmes qui auraient fait tout ça pour leur mari ? Tu vois la liste des sacrifices et des risques pris pour toi en un an à peine ? Et toi tu essaies de me piéger avec ce mail à la con ? C'est ta façon de me remercier ?

— N'inverse pas les rôles, Babs. C'est trop facile.

— Fais-moi confiance, pour une fois. Tiens, d'ailleurs, à propos, Damien m'a rappelée hier. Il a doublé la mise pour que je sorte de SmartEdu.com.

— Cinq cent mille ?

— Et j'ai dit oui, cette fois. On aura le fric dans quelques jours. Tu vois ? Qui avait raison ?

— Pourquoi tu tenais à ce point à ce pognon ?

— Je vais le verser directement à Living With the Enemy. Nous n'avons pas réussi à monter le gala. Au moins l'asso pourra récupérer l'argent. Je m'étais engagée à les aider.

Antoine la regarde, admiratif malgré lui. Décidément, elle ne renoncera jamais. Il n'avait pas envisagé qu'elle puisse avoir tant de force.

— Avec les saloperies qu'il a balancées sur moi pendant la soirée en boîte, Damien, je suis bien contente de leur avoir pris le maximum. Quand je pense qu'il me traitait de pute ! J'espère qu'il paiera un jour devant la justice pour son attitude toxique envers les femmes.

Au loin, un couple marche dans leur direction sur la plage. Antoine se lève et fait signe à Gabrielle de l'imiter. Ils se tournent vers les dunes en attendant que les promeneurs les dépassent. Des Américains. Soulagée, Gabrielle se rapproche de son mari et lui caresse la joue.

— Mon amour, laisse tomber ces conneries avec la France. Moi aussi, j'ai bien réfléchi. On va partir pour Los Angeles. J'ai toujours rêvé de vivre au bord du Pacifique.

Antoine s'écarte et la regarde, interloqué. Il met quelques secondes à réagir.

— Los Angeles ? D'où tu sors cette nouvelle lubie ? Tu te moques de moi, y a pas plus parisienne que toi ! New York je comprends, mais Los Angeles ? Tu aimes marcher dans la ville, la Seine, la littérature, les musées, une certaine forme de notre passé glorieux. Les Lumières et compagnie… Arrête de te faire des films.

— Autrefois peut-être. Depuis, j'ai changé, et comme d'habitude tu ne t'en es pas rendu compte. J'ai découvert ici un mélange dément de légèreté, d'optimisme et d'engagement. Et ça me fait un bien fou ! J'ai aimé la lumière de New York, le sourire du *doorman*, la livraison sans me faire voler mes colis, porter des leggings sans être regardée de travers, écouter mes copines m'aider à prendre conscience du monde. Et j'en veux encore plus ! J'ai envie d'un chien pour courir sur la plage. De soleil toute l'année. D'apprendre le surf et de remettre mes rollers d'adolescente. De voir grandir nos enfants dans la bienveillance. De savoir que Chloé peut danser comme Beyoncé sans que des connards la traitent de pute. L'ouvrir au nouveau monde. Je veux méditer sans qu'on me reproche de perdre mon temps. Tenter des expériences d'éveil spirituel sans qu'on me demande si je me drogue. Publier mon roman. Il avance, tu sais. Me réaliser dans l'action. Créer une fondation, sur le modèle de Living With the Enemy. Continuer à aider les femmes. Accueillir la gratitude. On a quand même eu beaucoup de chance. J'aimerais aussi me faire tatouer une phrase sur l'avant-bras. Ou un cycle lunaire. Mais la vision étriquée des Français qui s'accrochent au passé comme des malades, la trouille de la nouveauté, cette impression de vivre dans un musée, la peur d'être jugé, le cynisme, la mauvaise humeur, les vieilles rancœurs… Non. Je ne veux plus de cette vie-là. Ni pour nous ni pour nos enfants. La Californie va nous apporter le renouveau dont nous avons besoin. En plus, on ne connaît personne là-bas. *Fresh start*, incognito. Et ceux qu'on rencontrera ne pourront jamais imaginer que tu as voté pour Trump. Je t'avoue que ça me rassure aussi.

Antoine la regarde, de plus en plus sidéré.

— Moi ? Voter pour Trump ? Mais qu'est-ce que tu racontes ?

— Tu sais bien de quoi je parle.

Là, elle perd pied, se dit-il. Elle plane à cent mille. Et d'où ça lui sort cette connerie de Californie ? Elle veut quoi ? La vie éternelle, à l'abri derrière les murs infranchissables d'une villa de Malibu ? Avec le chlore de la piscine à débordement pour lessiver leur dernier reste d'amour ? Il dit France, elle répond Californie. Toujours plus loin. Elle joue avec lui. En acceptant ce changement d'identité, il a perdu toute capacité à négocier.

Il boit une longue gorgée de thé, le temps de trouver les mots qui pourraient la convaincre. Sa lèvre lui fait mal, il grogne. Gabrielle ne le remarque pas. Son téléphone vient d'émettre un *bip* signalant la réception d'un e-mail et, machinalement, elle jette un coup d'œil puis clique sur l'écran. Elle reste silencieuse un long moment, la bouche ouverte, incapable de réagir aux questions inquiètes d'Antoine. Pour toute réponse, elle lui tend son téléphone, l'écran ouvert sur une page Instagram. Le nom du compte est Long-time-no-see. Il n'a pas de followers et une seule photo a été publiée. Antoine, assis sur les marches de l'escalier d'une maison, vraisemblablement à New York. Il ne porte pas de masque et malgré sa casquette, sa barbe et ses kilos en trop, il n'est pas difficile de le reconnaître. Une légende accompagne la photo : *Alors, tu viens plus aux soirées, Antoine ?*

Gabrielle récupère son téléphone d'un geste impatient et zoome sur la photo.

— C'était quand ?

— Il y a deux jours, pas loin de chez Mark.

— Pourquoi t'as pas gardé ton masque ?

— Je fumais une clope.

— Dans la rue ? Assis comme un clodo ?

— Où veux-tu que je fume dans ce pays de fous ? C'est interdit partout.

— Mais merde ! Combien de fois je t'ai demandé d'arrêter ?

— Peu importe. Comment t'as reçu ça ?

— Un e-mail. Vide. Juste avec un lien Instagram. Expéditeur inconnu. Une suite de chiffres sur un compte Gmail.

— Qui a pu t'envoyer ça ?

— C'est encore un de tes tests à la con ?

— Bien sûr que non ! Comment j'aurais pu le balancer maintenant ? Mon téléphone est resté à la maison. Si ça se trouve je l'ai reçu aussi.

— Attends, je regarde. Exact. T'es en copie.

— Évidemment !

— Faut savoir qui a fait le coup. Qui est encore à New York dans nos relations ? C'est quelqu'un qui nous connaît bien.

— Obligé.

— Tu peux remonter la trace des mails ?

— Pas si simple. Et puis ça changera quoi ?

— On va lui parler, voir ce qu'il veut. Ou ce qu'elle veut. Mais on ne peut pas le laisser faire.

— À tous les coups il veut du fric.

— Laisse-moi réfléchir.

— Pour moi, c'est tout réfléchi, Babs. On n'a plus le choix. Pas de discussion, cette fois. Sois raisonnable. Il faut se barrer d'ici, et vite ! Avant que tout nous pète à la gueule. Imagine qu'il nous balance aux flics ? Je te préviens, hors de question de me retrouver en prison ici.

UN MOIS PLUS TARD

The Winner Takes It All

Interrogatoire #1

— On recommence. Nom et prénom ? Je t'écoute.

— Pour la troisième fois, je m'appelle Mark Kauffman.

— Et moi Lady Gaga ! Tu commences à me fatiguer. Alors ?

— Je ne vais pas passer ma journée ici ! Vous ne pouvez pas me garder comme ça. J'ai un avion à prendre…

— Raconte-moi comment t'as décidé de lui voler son identité ? C'était prémédité depuis longtemps ?

— Vous vous trompez. C'est une erreur. Je suis Mark Kauffman.

— J'ai trois témoins prêts à jurer que tu n'es pas Mark Kauffman.

— Appelez Gabrielle Moulière, c'est une amie. Elle pourra vous le confirmer. Elle était à l'aéroport avec moi.

Interrogatoire #3

— On reprend. Quand as-tu décidé de le tuer ?

— Mais j'ai jamais tué personne ! Regardez le rapport du médecin, c'était une crise cardiaque !

— Arrête de me prendre pour un con ! Je sais tout, alors raconte.

— Qui m'a balancé ? Quelqu'un m'a balancé, c'est ça ?

— C'est pas tes oignons. Comment tu t'y es pris pour le tuer ?

— Je ne répondrai plus à vos questions. J'ai droit à un avocat.

— T'as un nom à nous donner ?

— Je ne connais plus personne ici. Je veux appeler ma femme. Gabrielle Moulière. J'ai droit à un appel.

— On va te trouver un commis d'office. On fait la demande. En attendant, on reprend les questions.

— Je ne dirai rien de plus.

Elle avait fini par dire oui. Peut-être par lassitude. Plus vraisemblablement par peur. Il avait réussi à convaincre Gabrielle de rentrer en France. La photo prise par Shun et postée sur Instagram par Antoine l'avait fait vaciller, mais pas plier. Gabrielle était tenace, courageuse et obstinée ; elle avait tenu bon un certain temps. Tous les jours, il revenait à la charge : « On est grillés, il faut s'enfuir. On n'a plus le temps de tergiverser ! » Elle argumentait, louvoyait sans cesse. Il avait donc décidé de poster une nouvelle photo. Toujours de lui, cette fois en train de récupérer son courrier devant la maison de Sag Harbor. Il s'était donné un mal de chien, avait soigné le cadrage pour donner l'impression que le photographe était planqué dans une voiture, de l'autre côté de la rue. À l'aide d'un pied et du retardateur de son téléphone, il avait dû s'y reprendre à plusieurs fois pour obtenir un résultat convaincant. Il avait aussi soigné la légende : *Profite bien, Antoine. Le temps tourne vite à l'orage dans les Hamptons.* Il avait publié le tout puis attendu tranquillement que Gabrielle le découvre. Elle ne pouvait pas s'empêcher d'aller vérifier l'activité de ce compte Instagram.

Deux jours plus tard, elle lui montrait la photo et baissait les bras. Elle acceptait leur retour, sans chercher à négocier. Ils allaient pouvoir passer à d'autres conversations. Il était temps, l'ambiance se dégradait de jour en jour.

Vendredi 10 juillet 2020, fin de matinée. Ils viennent de pénétrer dans le terminal 1 de JFK. Antoine a réservé le vol Air France AF0015 de 17 h 30, en Business pour Gabrielle et Chloé, en éco pour lui. Le hall est désert et il est certain que l'avion sera aux trois quarts vide. Tous les Français qui ont fait le choix de rentrer sont déjà partis.

Ils sont arrivés en avance, avec une généreuse marge de sécurité si jamais Gabrielle était retenue à la douane. Elle est nerveuse, mal à l'aise. Antoine s'en veut de l'avoir piégée ainsi, mais il n'avait aucune alternative. Cette obsession à vouloir s'installer aux États-Unis allait les mettre dans le pétrin. Surtout lui. Il n'avait pas été facile de la duper ; il n'en attendait pas moins de son épouse. Après avoir mobilisé sa vigilance sur le faux message de sa sœur, il l'avait bernée pour de bon avec ce compte Instagram bidon. Jamais elle ne l'aurait imaginé capable de cette astuce à double détente.

Au moment d'enregistrer les bagages, Gabrielle et Chloé sont allées aux toilettes, préférant prendre leurs précautions avant de passer la sécurité. Malgré les heures d'avance, Antoine leur a demandé de se dépêcher.

Quand elle s'est rendue au poste de police en prétextant passer la journée à la plage, Gabrielle avait conscience qu'elle allait condamner Antoine. Elle avait tout préparé, travaillé sa plainte, révisé son anglais. Elle avait appris par cœur quelques phrases pour être certaine de se montrer convaincante.

Antoine Moulière, son mari, les avait amenées en clandestin à New York presque un an plus tôt. Rapidement, il avait claqué toutes leurs économies et ils s'étaient retrouvés ruinés. Il avait sombré dans une profonde dépression à tendance paranoïaque, la menaçant ouvertement si l'idée lui venait de raconter leur histoire. Il la suivait partout et avait même installé un mouchard sur son téléphone. Le 3 avril, il avait échangé son identité avec celle de son meilleur ami, décédé d'une crise cardiaque. Pour lui dérober ses biens. Après ce jour, sa paranoïa avait pris une autre ampleur. Une vraie folie. L'escalade du chantage puis de la violence domestique. Elle avait vécu des semaines épouvantables. Il l'avait frappée, violée à plusieurs reprises, et avait menacé de les tuer elle et sa fille puis de se suicider.

Elle s'était défendue comme elle le pouvait. Il terrorisait aussi Chloé en se transformant physiquement et en racontant qu'il allait l'emmener loin de sa mère, pour toujours. Ce jour-là, elle était parvenue à détourner son attention pour se rendre au commissariat. Elle s'était résolue à le dénoncer. Et elle n'avait pas beaucoup de temps devant elle.

Elle a négocié les Green Cards en échange de son témoignage et de la restitution des comptes bancaires et des titres de propriété des maisons. Elle veut rester aux États-Unis pour l'équilibre de sa fille et la tenir éloignée de la famille de son mari. Malgré l'insistance du policier, elle a refusé de porter plainte pour violences conjugales, la barque d'Antoine étant assez chargée comme ça. Usurpation d'identité, falsification, vols aggravés, menaces et chantage. L'inspecteur était content à l'idée d'arrêter ce type. Les sommes en jeu étaient importantes et cette histoire de famille française serait médiatisée. Un bon point pour sa carrière. Après avoir procédé aux vérifications d'usage, il s'est vite convaincu de l'exactitude du témoignage de cette femme charmante et terrorisée. Il a fait jouer ses relations pour accéder à une instruction d'urgence et récupérer les Green Cards rapidement. En trois semaines à peine, tout était réglé. Un record. Ils se sont mis d'accord pour que l'arrestation ait lieu à JFK, discrètement, pendant qu'elle emmènerait sa fille aux toilettes. Elle a obtenu tout ce qu'elle avait demandé. En revanche, elle n'a parlé à personne des comptes en bitcoins, ni des placements d'Antoine dans les îles Vierges britanniques.

Serrée contre la cloison en inox des toilettes, Chloé regarde sa mère avec étonnement. Elle est assise et tient à la main un étrange stylo blanc qu'elle garde sous ses fesses.

— Moi aussi, je peux faire pipi sur ce truc ?

— Non, ma chérie, ce sont des histoires de maman. Tu verras quand tu seras plus grande.

— On y va ? Papa avait l'air pressé.

— Il vient d'envoyer un message. Il demande d'attendre ici.

En sortant des toilettes, vingt minutes plus tard, Gabrielle a tout juste le temps de se rapprocher de la porte vitrée du terminal pour voir deux voitures de police s'éloigner, sirène hurlante, transportant sans doute Antoine menotté. Elle sourit tristement.

— Il faut changer de terminal, ma puce. On s'est trompées. On retrouvera papa là-bas.

— Et nos valises ?

— Ne t'inquiète pas pour ça. Les bagages sont avec ton père.

Elles ont franchi le check-in sans problème. Gabrielle a fièrement tendu leurs Green Cards flambant neuves à l'agent de sécurité. Les contrôles d'identité sont rapides pour les vols intérieurs. Elle a légèrement tremblé en passant sous le portique électronique. Les rayons X ne doivent pas être très recommandés pour un embryon de six semaines. Elle doit protéger cette nouvelle vie qui palpite en elle, nichée dans son ventre.

Pendant qu'elles patientent devant la porte d'embarquement du vol United, Chloé regarde un dessin animé sur son iPad, relevant souvent les yeux à la recherche de son père. Gabrielle prépare le brouillon du message qu'elle va envoyer en France d'ici quelques jours. Elle prend des notes sur son téléphone. Juste les faits.

Antoine n'est pas mort. Il a usurpé l'identité de son ami Mark. Il est devenu fou. Je n'ai pas eu le choix. Impossible de prévenir qui que ce soit. Il s'est montré menaçant. J'étais complètement perdue. La police l'a arrêté sur dénonciation d'un voisin de Mark. Nous allons rester près de lui, aux USA. J'espère le voir vite, mais avec le Covid les visites en prison sont interdites. Je n'ai aucune idée de ce qui l'attend. D'après un premier contact avec un avocat, ça peut aller chercher très loin. Usurpation d'identité, vol et extorsion, contrainte et menaces.

Je ne comprends pas comment nous avons pu en arriver là.

Elle devra enrober son récit avec quelques anecdotes crédibles et ajouter un peu d'émotion, mais globalement elle tient l'essentiel. Pas la peine d'en dire plus. Quand ses contacts apprendront qu'elle a quitté New York, ils l'accuseront d'avoir abandonné Antoine, sans chercher à le défendre. Pourtant, elle a tout tenté pour le convaincre et le sauver, mais personne ne voudra la croire. Il a initié leur métamorphose en organisant ce départ audacieux, puis avec cette idée périlleuse de changement d'identité. Il a osé prendre des risques sans avoir le courage d'aller jusqu'au bout. *Nous voulions vivre ici. Nous avions franchi ensemble des obstacles insurmontables pour bien des gens. Mais tu as bêtement flanché à la dernière marche, mon amour.* Elle retient une larme. S'il n'avait pas refusé de l'écouter, s'il avait accepté de se moquer de la morale et des conventions, il n'en serait pas là aujourd'hui. *Franchement, ce plan de photos sur Instagram, tu aurais pu trouver mieux. Finir notre histoire sur ce chantage pitoyable ne te fait pas honneur. Au moins, j'emporte le meilleur de toi en moi*, se dit-elle en caressant son ventre. Souveraine, elle refuse d'abdiquer. Maintenant qu'elle a appris à vivre, rien ni personne ne pourra la faire dévier de ses désirs. Elle va tout dévorer.

Elle relit une dernière fois le message qu'elle a envoyé dans la nuit à Dakota. Toujours pas de réponse. Elle garde malgré tout l'espoir que son amie sera à l'aéroport pour les accueillir. Pour Chloé aussi il serait plus joyeux de se sentir attendue. Il est encore très tôt sur la côte Ouest, calcule-t-elle pour se rassurer. Et si Dakota décide de ne pas venir, elles se débrouilleront seules. Pour la première fois de sa vie, elle n'a besoin de personne pour se sentir invincible. L'avenir n'a jamais eu une telle imagination. Elle sourit en regardant sa fille.

Chloé lève les yeux, interrogative. Gabrielle attrape sa main.

— Viens, ma grande, ils appellent les passagers pour Los Angeles. Mets bien ton masque.

— Je croyais qu'on partait à Paris.

— Je t'ai expliqué que nous avions changé d'avis.

— Et papa ?

— Ton père ? Ne t'inquiète pas, je t'expliquerai. Allez, viens vite, la Californie nous tend les bras.

Remerciements

Avant tout je souhaite remercier mon épouse, Blandine. Tu es rentrée un soir avec New York entre tes mains, bousculant nos vies pour toujours. Pour cela et mille autres raisons, ce livre n'existerait pas sans toi. Merci, mon amour.

Merci aussi à mes fabuleux enfants, Romane et Balthazar. Vous avez eu la patience d'entendre si longtemps les mêmes histoires. Et pourtant, vous ne m'avez jamais lâché. Votre soutien est essentiel.

Merci à vous quatre, Lucas Menget, Thomas Kruithof, Matthieu Barrier et Benoît Rouillard, amis magnifiques et lecteurs attentifs. Votre écoute et vos conseils ont été précieux tout au long de l'écriture de ce roman.

Chère Frédérique Polet, formidable éditrice, ton enthousiasme pour cette histoire a tout rendu possible. Merci pour ta présence, tes conseils et tes encouragements. Je veux aussi remercier Sofia Bengana, directrice des Presses de la Cité. Je vous dois tant à toutes les deux. Bien entendu, merci à l'équipe des Presses de la Cité. J'ai beaucoup de chance de travailler avec vous tous.

Par ailleurs, je tiens à remercier Olivier Frébourg pour son aide.

Pour finir, merci à New York et à tous les New-Yorkais. Venus de tous les pays, vous débarquez dans cette ville avec l'espoir d'une vie nouvelle et l'envie d'en découdre. Votre énergie a porté mon écriture.

Imprimé en France par
CPI Bussière
en avril 2025

Composition réalisée par Facompo à Montrouge

#lisez! engagé
Pour plus d'information :
www.lisez.com
Imprimé sur du papier issu de forêts gérées durablement.

N° d'édition : C21130/01 – N° d'impression : 2084210